"十四五"职业教育国家规划教材

U0689036

汽车底盘
电控系统实训工单

廖光宙◎主编

徐勇 王大伟 王明洋 衣天培◎副主编

朱军 孙健◎主审

人民邮电出版社

北　京

图书在版编目（ＣＩＰ）数据

汽车底盘电控系统实训工单：AR版 / 廖光宙主编
. -- 北京：人民邮电出版社，2019.9
职业院校汽车类"十三五"微课版规划教材
ISBN 978-7-115-50903-1

Ⅰ．①汽… Ⅱ．①廖… Ⅲ．①汽车－底盘－电气控制
系统－车辆修理－高等职业教育－教材 Ⅳ．①U472.41

中国版本图书馆CIP数据核字(2019)第037737号

内 容 提 要

本书是汽车底盘电控系统课程的配套实训工单。本书内容包括防抱死制动系统（ABS）、电控动力转向系统（EPS）、汽车被动安全系统、电控悬架系统、自动变速器、液力变矩器与油泵、行星齿轮机构与换挡元件、辛普森式行星齿轮机构、拉维娜式行星齿轮机构、自动变速器阀体、双离合自动变速器（DSG）11个实训项目。

本书既可以作为职业院校汽车类专业同类课程的实训教材，也可以作为企业职工培训（或自学者学习）同类技术的辅助教学用书。

◆ 主　　编　廖光宙
　　副主编　徐　勇　王大伟　王明洋　衣天培
　　主　　审　朱　军　孙　健
　　责任编辑　王丽美
　　责任印制　马振武

◆ 人民邮电出版社出版发行　　北京市丰台区成寿寺路 11 号
　　邮编　100164　电子邮件　315@ptpress.com.cn
　　网址　http://www.ptpress.com.cn
　　三河市兴达印务有限公司印刷

◆ 开本：787×1092　1/16
　　印张：7.25　　　　　　　　　2019 年 9 月第 1 版
　　字数：175 千字　　　　　　2025 年 8 月河北第 21 次印刷

定价：20.00 元

读者服务热线：**(010)81055256**　印装质量热线：**(010)81055316**
反盗版热线：**(010)81055315**

丛书编委会

顾　　问：许绍兵　陶　青　徐念峰　赵丽丽　费维东

主　　任：何扬

副 主 任：潘耀才　李迎春　刘明春　张荣全　裴　勇　陈应连　江丽萍
　　　　　李永朋　潘太煌　臧金勇　方宏刚　李华东　李登宝　方胜利
　　　　　丁　旭　郑凯勇　陈　昊　张荣福　杨　柳　陈　浮　金宏中
　　　　　韩　明　崔　郑　王国福　王林江

编审委员：廖光宙　梁学宏　李长娥　李仰欣　张传明　徐　勇　舒一鸣
　　　　　谢伟伟　李　新　袁种宝　段淮馨　张　伟　爨要锋　吕　鹏
　　　　　叶永辉　何疏悦　程本武　孙敦侃　柯文浩　朱　雯

专业委员：郑陆保　练杰城　张　庆　阳　鑫　张国巍　王建辉　陶世军
　　　　　李　超　续　峰　梁　奇　康　君　韦万春　占　伟　李　果
　　　　　岳　光　郑超志　刘红雷　工　亮　李东阁　王　佳　阚建辉
　　　　　周紫超　王　勇　沈　涛　朱恒刚　陈晓龙　赵新峰　李　鹏

视频编导：朱　雯　吴　阳

实训教师：周小康

技术指导：马祖荣　张亚东　叶永辉

视频制作：吴　阳　邵顺顺　刘　伟

视频解说：朱　雯

本书编委会

主　　审：朱　军　孙　健

主　　编：廖光宙

副 主 编：徐　勇　王大伟　王明洋　衣天培

参　　编：张龙龙　李　超　荆　宇　张海滨　李永国　常　镇　王国庆

　　　　　李炜东　王维国　冯国栋　马春伟　张　林　牛书海　杨九柱

　　　　　赵　方　杨　涛　何树生　韩永昌　桂仲强　王修兴

前言

随着中国汽车市场进入稳定期，汽车后服务市场的"黄金时代"已经到来。而汽车维修行业高素质技能人才越来越紧缺。

优质的服务需要完善的知识储备，更需要专业的操作技能。知识让我们的技能更具有含金量。然而，同样的服务，同样的技能，差异在哪里？差异在于规范。规范存在于工作的每一个细节中、每一个服务过程中。

正如党的二十大报告所要求"构建优质高效的服务业新体系，推动现代服务业同先进制造业、现代农业深度融合。"只有这样，才能构建汽车从制造到服务全过程的服务标准和规范，形成具有中国特色的汽车工业体系与标准。

万通汽车教育研究院编写的汽车检测与维修技术专业的系列丛书第一期共6本，包括"汽车发动机机械系统""汽车发动机电控系统""汽车底盘机械系统""汽车底盘电控系统""汽车电气系统"5门基础核心课程配套的实训工单，同时还包括以行驶里程为主线的"汽车快修快保"课程配套的实训工单。本系列实训工单体现了各专业课程实训环节操作的标准化和流程的规范性。

实训就是在相应设备上验证所学的理论知识，在这个验证过程中每一个环节都需要按照工单所规定的要求、步骤、规范、标准进行操作。除专业内容之外，还包括安全防护、工具准备、环境卫生等6S管理方面的内容。只有这样，才能使我们在掌握汽车检修、保养基本技能的同时，学会全流程的规范操作。本书附录中提供了6S管理考核评分表和实训报告单。

要贯彻党的二十大报告中"深入实施人才强国战略。培养造就大批德才兼备的高素质人才，是国家和民族长远发展大计。功以才成，业由才广。"努力培养造就更多大师和卓越工程师、大国工匠、高技能人才。本书依据专业课程的特点提出职业素养培养目标，落实立德树人根本任务，弘扬了精益求精的专业精神、职业精神和工匠精神。

本书共11个实训项目，20个任务，介绍了汽车底盘电控系统实训的相关内容。全书按照理论知识问答、实训操作、专业考核评分表3部分设计了上述课程的实训环节。本书内容在相关院校的实训教学过程中经过了多次验证、修改和完善。

本书由AR展示、在线互动知识及后台大数据测评系统（专利号：201810230606.2）支撑。本书在大部分实训操作任务开始前设置了"操作步骤演示"栏目，提供了基于AR技术的多媒体图片。读者打开"智慧书"App（手机等移动终端扫描封面二维码可下载App），扫描"操作步骤演示"中的多媒体图片即可观看相应内容的短视频，并可进行在线答题及查看答案。

本书由万通汽车教育研究院廖光宙老师任主编，万通汽车教育研究院徐勇、王大伟、王明洋、衣天培老师任副主编。中国汽车工程学会朱军老师、南京帕博专业汽车服务连锁企业总经理孙健任主审。南京林业大学风景园林学院何疏悦副教授参加了本书多媒体资源的系统设计。世达工具(上海)有限公司提供了本书多媒体资源拍摄中所使用的汽修设备及工具。万通汽车教育直营院校部分教师参加了图书编写、审核和视频拍摄等工作。人民邮电出版社对此项目高度重视,派出强有力的团队给予支持,在此一并表示感谢!

由于编者水平有限,书中难免存在不足之处,请读者予以指正。

万通汽车教育研究院

2022 年 11 月

目录

实训项目一　防抱死制动系统（ABS）

任务一　防抱死制动系统认知

课时：_____

班级：	组别：	姓名：	掌握程度：□优　□良　□及格 □不及格

一、工作任务

　　1. 熟悉ABS的结构和组成部分；能熟练对ABS线路进行检测，完成故障排除。

　　2. 明确汽车维修技术的重要地位，激发家国情怀和使命担当。

二、原理与应用

1. ABS泵的安装位置（以东风雪铁龙富康为例）

　　ABS泵安装在_____，如图1-1所示。_____

如图1-2所示。

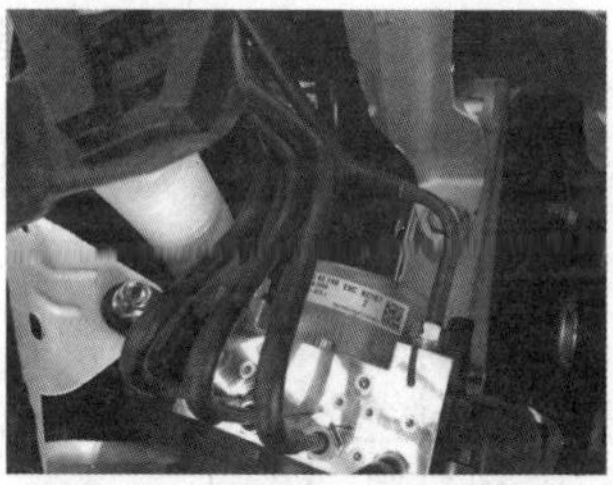

图 1-1　ABS 泵的安装位置 　　　图 1-2　ABS 实物

微课

职业素养

2. ABS的作用

　　ABS可防止车轮_____，

有效防止汽车制动时，发生_____等现象，提高了汽车的稳

定性和安全性，并可缩短_____距离。

3. ABS的结构

　　写出图1-3所示的序列部件的名称及其作用。

　　A为_____，其作用是_____；

　　B为_____，其作用是_____；

　　C为_____，其作用是_____；

　　D为_____，其作用是_____；

　　E为_____，其作用是_____；

　　F为_____，其作用是_____；

　　G为_____，其作用是_____。

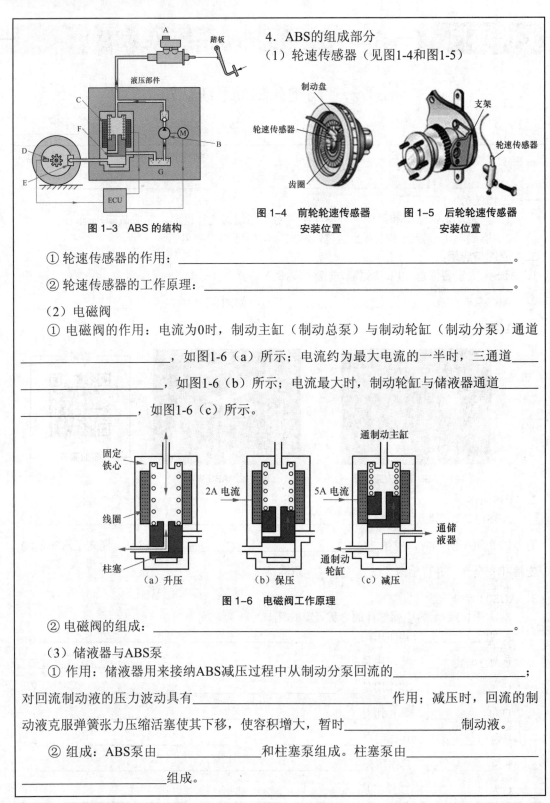

4．ABS的组成部分
（1）轮速传感器（见图1-4和图1-5）

图1-3　ABS 的结构

图1-4　前轮轮速传感器安装位置

图1-5　后轮轮速传感器安装位置

① 轮速传感器的作用：_____。

② 轮速传感器的工作原理：_____。

（2）电磁阀
① 电磁阀的作用：电流为0时，制动主缸（制动总泵）与制动轮缸（制动分泵）通道_____，如图1-6（a）所示；电流约为最大电流的一半时，三通道_____，如图1-6（b）所示；电流最大时，制动轮缸与储液器通道_____，如图1-6（c）所示。

图1-6　电磁阀工作原理

② 电磁阀的组成：_____。

（3）储液器与ABS泵
① 作用：储液器用来接纳ABS减压过程中从制动分泵回流的_____；对回流制动液的压力波动具有_____作用；减压时，回流的制动液克服弹簧张力压缩活塞使其下移，使容积增大，暂时_____制动液。

② 组成：ABS泵由_____和柱塞泵组成。柱塞泵由_____组成。

③ 工作过程：根据电控单元（ECU）输出指令，直流电动机带动凸轮转动，凸轮将_____移动。柱塞上行时，具有一定压力的制动液进入柱塞泵筒，如图1-7所示；柱塞下行时，压开_____，将制动液泵回到制动总泵_____，如图1-8所示。

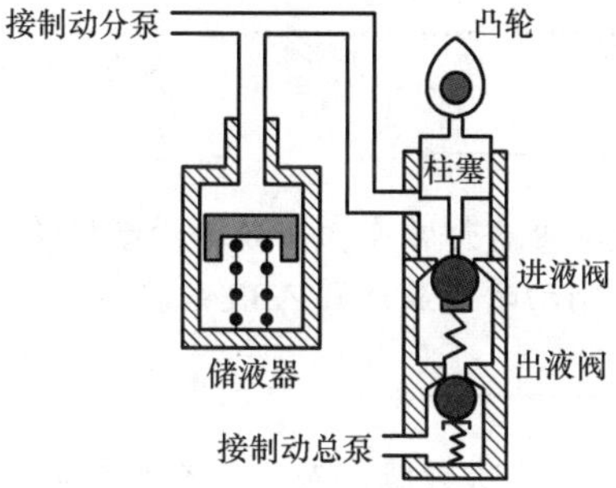

图1-7　储液器储液状态

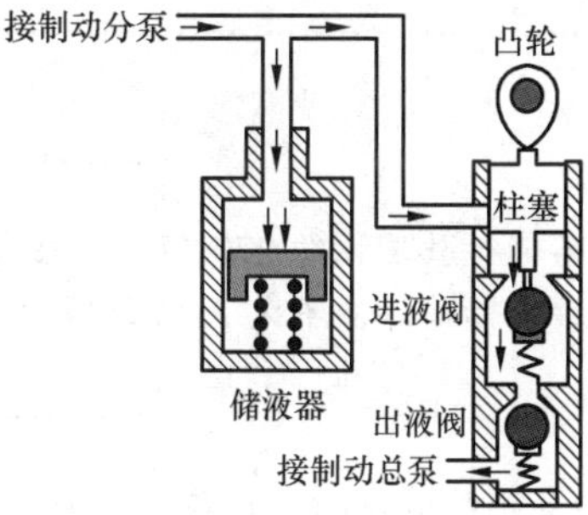

图1-8　储液器回液状态

5. ABS升压、保压、减压的工作过程
　　ABS的工作原理如图1-9所示。

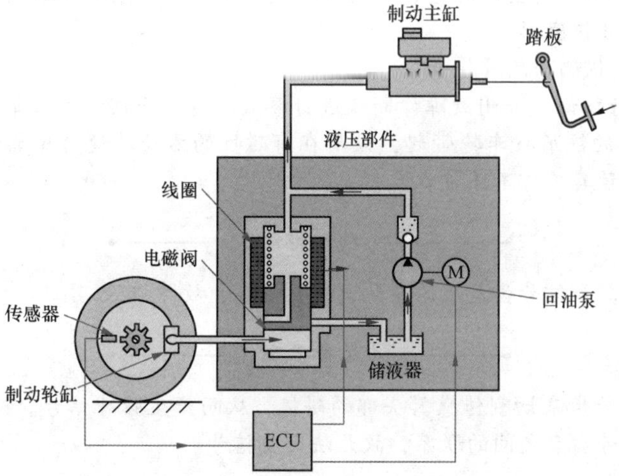

图1-9　ABS工作原理

（1）升压过程（常规制动）：ECU_____线圈通电，此时制动主缸与制动轮缸_____，制动时制动液直接流入制动轮缸，制动轮缸压力增大，制动压力_____，车轮_____。

（2）保压过程：ECU给电磁阀输入的电流约为最大电流的_____，电磁阀上升到_____位置，柱塞上移一定量，将制动主缸、制动轮缸和回油孔相互_____，制动轮缸压力_____。

（3）减压过程：当车轮即将抱死时，ECU向线圈输入＿＿＿＿＿＿，促使柱塞移至上端，制动主缸和制动轮缸的通路被＿＿＿＿＿，制动轮缸和储液器＿＿＿＿＿，制动轮缸的制动液流入＿＿＿＿＿，制动压力降低。与此同时，驱动电动机起动，带动＿＿＿＿＿工作，把流回储液器的制动液加压后返回＿＿＿＿＿。

·············· □ 案例分享 □ ··············

——————— 【故障现象】 ———————

车辆行驶里程约27000km，在行驶过程中ABS故障警告灯常亮，用故障诊断仪（ELIT）删除后进行路试，不久ABS故障警告灯又亮，而且在制动时明显感到ABS系统不工作。

——————— 【故障诊断】 ———————

1. 用故障诊断仪读取故障内容，显示右前轮速传感器有故障，而其他有关数据及传感器均正常。确定是右前轮速传感器出现故障。

2. 将右前轮速传感器拆下，用数字万用表进行检查。其电路部分一切正常，对连线部分进行检查也正常。

3. 对轮速传感器进行外观检查，发现在轮速传感器周边有许多铁屑。用工具将铁屑清除干净，并重新安装传感器。

4. 用故障诊断仪删除故障信息。

5. 对车辆进行路试，并用故障诊断仪进行参数测量，一切恢复正常。分析认为，车辆在行驶时，路面上的铁屑被车轮带起，吸附在有磁性的右前轮速传感器上，影响了其磁通量的变化，从而导致其工作不正常。

——————— 【故障排除】 ———————

清洁轮速传感器和信号齿盘上的杂物，装复试车，故障排除。

——————— 【故障原因】 ———————

传感器通过信号齿来切割传感器头部的磁极，从而产生脉冲信号。铁屑吸附在磁极上，隔离了磁力线与信号齿盘之间的联系，故无法产生信号。

——————— 【案例总结】 ———————

ABS系统具有很高的工作可靠性，但在使用、维护和检修过程中，应在以下几个方面特别注意。

1. 不要让油污沾染电子控制装置，特别是线束端子；否则会使线束插头的端子接触不良。

2. 不要使轮速传感器和传感器齿圈沾染油污或其他脏污；否则，轮速传感器产生的轮速信号就可能不够准确，影响系统控制精度，甚至无法正常工作。另外，不要敲击轮速传感器；否则很容易导致传感器发生消磁现象，从而影响系统的正常工作。

3. 在很多 ABS 中有蓄能量的蓄能器。在对制动系统的液压系统进行维修作业时，应首先使蓄能器中的高压制动液完全释放，以免高压制动液喷出伤人。在释放蓄能器中的高压制动液时，先将点火开关断开，然后反复地踩下和放松制动踏板，直到制动踏板变得很硬（制动效果较灵敏）时为止。

4. ABS 中的轮速传感器、电子控制装置和制动压力调节装置都是不可修复的，如果发生损坏，应该进行整体更换。

思考题

1. 如何判断 ABS 是否工作？
2. 试分析还有哪些原因易导致 ABS 故障警告灯点亮。

任务二 防抱死制动系统检修

课时：＿＿＿＿＿＿

班级：	组别：	姓名：	掌握程度：□优　□良　□及格 □不及格
实训目的	根据"任务二"的需求，能够正确、规范地对ABS泵进行检查。		
安全注意事项	注意个人及设备安全，规范操作。		
实训器材	整车、整车防护七件套、世达工具、数字万用表、故障诊断仪、ABS泵、手动抽油器、制动液等。		
教学组织	每个工位按6位学员（组长1人、主修1人、辅修1人、观察员1人、评分1人、质检1人）作业，循环操作。		

操作步骤演示

微课

ABS检修

任务	作业记录内容　☑正确　☒错误

前期准备

□ 1. 护具——整车防护七件套［前翼子板垫/左右翼子板垫/脚垫/转向盘套/座椅套/变速器操作杆（变速杆）套］等，如图1-10和图1-11所示。（注①）

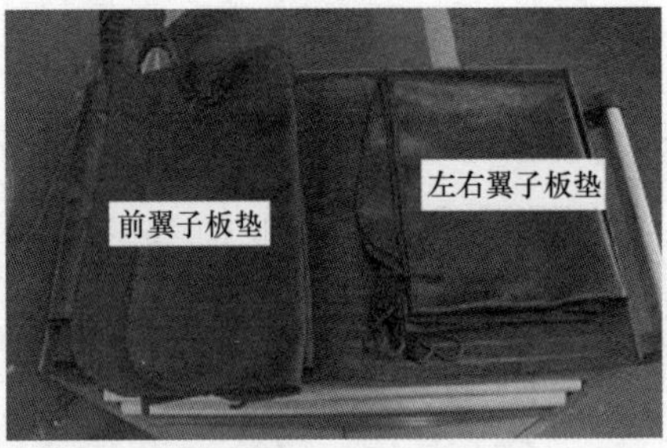

前翼子板垫　左右翼子板垫

转向盘套　座椅套　脚垫　变速器操作杆套

□图1-10　车外三件套　　　□图1-11　车内四件套

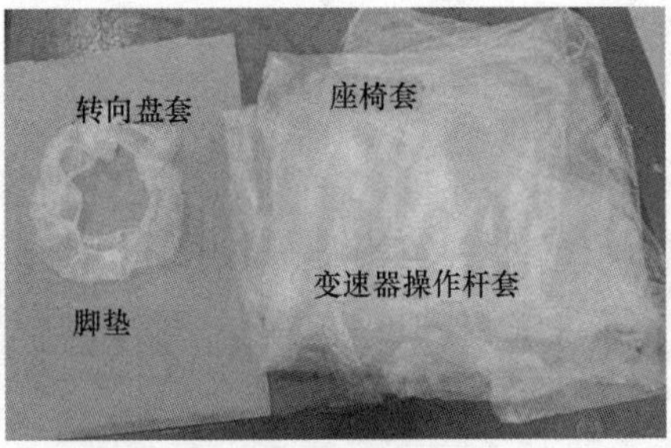

□ 2. 工具、耗材——整车、世达工具（见图1-12）、故障诊断仪（见图1-13）、数字万用表（见图1-14）、ABS泵（见图1-15）、手动抽油器、制动液等。

注①：准备工作一定要注意四到位。1. 防护到位；2. 工具到位；3. 设备到位；4. 耗材到位。

前期准备	□图 1-12　世达工具　　　　　　　　□图 1-13　故障诊断仪 □图 1-14　数字万用表　　　　　　　□图 1-15　ABS 泵
安全检查	□检查车辆驻车制动器是否拉起及变速杆是否处于空挡。 □举升车辆前，检查实训台架及周围安全。 □举升车辆至10～20cm时，检查举升机支点位置。 □在车辆举升过程中，留意有无异常和异响。（注②）
防护工作	防护工作的操作步骤如图1-16～图1-18所示。 □图 1-16　人身防护　　　□图 1-17　车身防护　　　□图 1-18　车内防护
操作流程	**步骤一　ABS 泵的检查** □1. 常规易损件检查：检查熔断器、插头（见图1-19）是否连接牢固，ABS系统是否有制动液泄漏现象等。 □2. 连接故障诊断仪，打开点火开关，按提示要求读取故障码，查阅故障码含义，确定故障范围，如图1-20所示。（注③） □图 1-19　ABS 泵插头检查　　　　　□图 1-20　操作故障诊断仪

注②：举升过程中若有异常或异响，应立即停止当前作业并及时和老师联系，不得擅自处理。

注③：1. 连接故障诊断仪时，必须关闭点火开关；2. 连接故障诊断仪后需要按照维修手册对ECU进行编码。

操作流程	□ 3．关闭点火开关，拔下传感器插头，用数字万用表测量ABS泵的阻值，如图1-21所示。 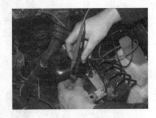 用数字万用表测量ABS 泵的两个端子，其阻值是_____Ω。 □图 1-21　ABS 泵端子 □ 4．直接给ABS泵通电，确定ABS泵是否能够运转，如图1-22所示。  □图 1-22　ABS 泵测试 **步骤二　ABS 泵的拆卸** □ 1．ABS系统泄压：将点火开关关闭，反复踩踏制动踏板，至少在20次以上，如图1-23所示。当踩制动踏板的力明显增加，感觉不到有液压助力时，ABS系统泄压完成。（注④） □ 2．用手动抽油器将制动液从储液器中吸出，如图1-24所示。  □图 1-23　踩踏制动踏板　　　　□图 1-24　抽取制动液 □ 3．拆卸膨胀水壶，拔下ABS电控单元插接器，如图1-25所示。 □ 4．拆卸制动总泵到液压单元的制动油管，将各制动油管从液压单元拆出，如图1-26所示。拆卸液压单元上的3个固定螺栓。

注④：ABS泵在短时间内可将制动液加压到14～18MPa，并给整个液压系统提供高压制动液。

□图 1-25 拔下 ABS 电控单元插接器　　　　□图 1-26 拆卸制动油管

步骤三　ABS 泵的更换

□ 1. 安装新的ABS泵，用10号扳手拧紧固定螺栓，拧紧力矩为15N·m，如图1-27所示。

□图 1-27 拧紧固定螺栓

□ 2. 连接6根制动油管，插上电控单元插接器。

□ 3. 加入大众汽车专用制动液（见图1-28），观察制动油管接头是否渗漏（见图1-29）。

□图 1-28 加注制动液　　　　　　　　□图 1-29 检查制动油管接头

□ 4. 连接故障诊断仪，按维修手册要求对ECU进行编码。

□（1）连接故障诊断仪（见图1-30），打开点火开关，选择"上海大众"（见图1-31），选择地址码03"防抱死制动系统"，按"Q"键确认。

□（2）输入07"控制单元编码"功能，按"Q"键确认。

□（3）输入编码03604，按"Q"键确认。

□（4）按"→"键后，输入06"结束输出"，按"Q"键确认。

操作流程

□图 1-30　连接故障诊断仪

□图 1-31　选择"上海大众"

步骤四　制动系统排气（大众帕萨特 ABS 放气过程）

□ 1．连接故障诊断仪后，在放气螺钉上安装一泄漏管，用于接油，如图1-32所示。

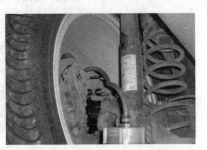

□图 1-32　制动分泵接油

□ 2．在故障诊断仪上选择"防抱死制动系统"。

□ 3．选择基本设定功能，输入001通道，如图1-33所示。按提示进行如下操作。

□图 1-33　故障诊断仪输入指令

□（1）踩下制动踏板并保持住，松开两前轮放气螺钉（拧松放气螺钉1/2～3/4圈）。

□（2）踩下制动踏板10次（见图1-34），锁紧放气螺钉（见图1-35）。（注⑤）

□ 4．选择基本设定功能，输入002通道，按提示进行如下操作。

□（1）踩下制动踏板并保持住，松开两前轮放气螺钉。

□（2）踩下制动踏板10次（见图1-34），锁紧放气螺钉。

左侧栏：操作流程

注⑤：1．使用故障诊断仪放气，就是将液压调节器的马达定位，以使单向阀顶在开通位置，空气完全能够释放。
2．只能按001组至017组顺序递增操作，不能跳跃任一组操作。如果感觉制动踏板仍疲软，行车15km后重复001组至017组增序步骤操作，注意排气过程中应及时向储液器内添加制动液，保持液面的规定高度。3．也可以用常规方法排气。找一条空旷的道路，急加速急制动，反复几次后，踩住制动踏板不要松开，立即排气。反复几次就可以排净空气。

操作流程	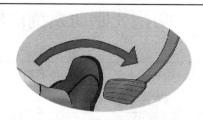 □图1-34　反复踩踏制动踏板  □图1-35　锁紧放气螺钉 □5．选择基本设定功能，输入003通道，按提示进行如下操作。 □（1）踩下制动踏板并且保持住，松开两前轮放气螺钉。 □（2）踩下制动踏板10次，锁紧放气螺钉。 □6．输入016通道，按提示进行如下操作。 □（1）踩下制动踏板并且保持住，松开两前轮放气螺钉。 □（2）踩下制动踏板10次，锁紧放气螺钉。 □7．输入017通道，结束放气程序。 □8．按普通制动系统四轮放气程序对轮胎进行放气，放气顺序是右后轮（RR）、左后轮（LR）、右前轮（RF）、左前轮（LF）。 □9．放气后加注制动液（见图1-36），检查储液器内的液体平面。 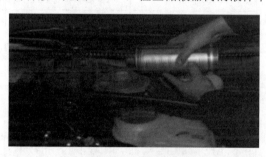 □图1-36　加注制动液
仪器使用	□工具/量具选用是否正确　　□工具/量具使用是否正确　　□工具/量具摆放是否整齐
注意事项	1．实训时采用大众汽车专用ABS泵、专用制动液。 2．禁止将制动液泼洒或滴漏到漆面上；如不慎滴漏到漆面上，请立刻用水冲洗。
检查与评估	
6S管理规范 （教师点评）	□整理　□整顿　□清扫　□清洁　□素养　□安全
成绩评定 （学生总结）	小组对本人的评定：□优　　□良　　□及格　　□不及格 学生本次任务成绩：□优　　□良　　□及格　　□不及格

专业考核评分表——防抱死制动系统检修

班级：		组别：		组长：		日期：	
技术标准：1. 电控单元编码方法流程要求；2. 制动系统排气要求							
序号	作业项目	考核内容	考核标准	分值	扣分	得分	
1	准备环节	正确选用工具/量具	选错1次扣1分	5			
2		正确做好防护	少做1项扣1分	5			
3		正确做好安全检查	漏掉1项扣1分	5			
4	拆卸及检查环节	常规易损件检查	漏掉1项扣1分	5			
5		读取故障码	使用错误扣2分	5			
6		测量ABS泵阻值	方法错误扣2分	10			
7		判断ABS泵好坏					
8		ABS系统泄压	忘记泄压不得分	5			
9		抽出制动液	顺序错乱扣2分	15			
10		拆卸膨胀水壶					
11		拆卸制动油管					
12	更换环节	连接油管及插头	漏掉检查扣2分	10			
13		注入制动液并检查					
14		电控单元编码	流程不正确扣4分	10			
15		制动系统排气	操作不正确扣4分	10			
16		检查制动液液面	漏掉检查扣2分	5			
17		实训时间	≤30min　　　10分 30～45min　　5分 ≥45min　　　0分	10			
质检员：		评分员：		合计得分			
教师点评：							

团队合作：优秀□ 良好□ 及格□ 不及格□　　　　分工明确：优秀□ 良好□ 及格□ 不及格□

专业标准：优秀□ 良好□ 及格□ 不及格□　　　　操作规范：优秀□ 良好□ 及格□ 不及格□

教师签字：　　　　　　　　　　　　　　　　　　　　　　年　　月　　日

注：实训未按规范操作，导致设备损坏或人身伤害，本次考核记0分。

实训项目二 电控动力转向系统（EPS）

任务一　电控动力转向系统认知

课时：_____

班级：	组别：	姓名：	掌握程度：□优　□良　□及格 □不及格

一、工作任务

1. 电控动力转向系统的认知；熟练掌握电控动力转向机构的检修标准，能够完成典型故障的排除。

2. 培养爱岗敬业的价值观，建立专业自信、实践创新的工匠精神。

二、原理与应用

1. 电控动力转向系统的工作原理

根据图2-1所示写出电控动力转向系统的工作原理，并写出传感器及部件所对应的字母。

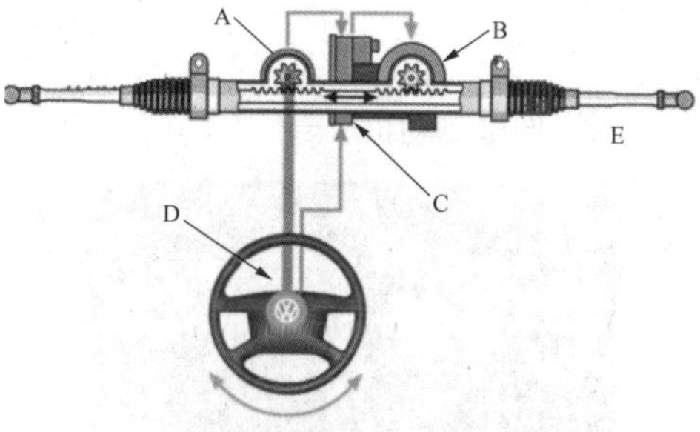

① 扭矩传感器是_____。

② 转向角度传感器是_____。

③ 伺服电动机是_____。

④ 电控转向控制器是_____。

⑤ 左右拉杆是_____。

图 2-1　电控动力转向系统

电控动力转向系统工作原理：_____

_____

_____ 。

2. 电控动力转向系统组成认知

（1）转向角度传感器

① 在图2-2中标出转向角度传感器的位置。

② 转向角度传感器的作用：__

_____

_____ 。

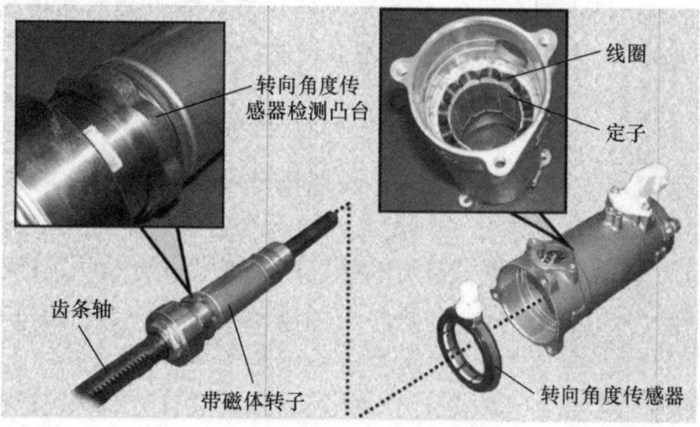

图 2-2　转向角度传感器

（2）扭矩传感器

① 在图2-3中标出扭矩传感器的组成部分。

② 扭矩传感器的作用：_____。

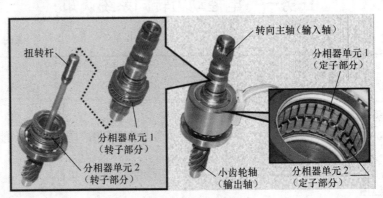

图2-3　扭矩传感器

（3）伺服电动机

图2-4　伺服电动机的位置

① 在图2-4中标出伺服电动机在电控转向控制器上的位置。

② 伺服电动机的作用：_____

_____

_____。

---------------------------- □ 案例分享 □ ----------------------------

—————【故障现象】—————

一辆丰田皇冠轿车，行驶里程为5万千米，在使用过程中，驾驶员反映该车出现无转向助力、转向沉重的现象，而且行车过程中EPS故障警告灯一直在闪。

—————【故障诊断】—————

1. 连接故障诊断仪，按照操作要求进行故障码调取，屏幕显示C1511故障码，对该故障码进行清除操作，但是此故障码仍存在，说明可能是扭矩传感器故障。

2. 故障检测。首先依据电路，查明端子含义：INCS、INSN——扭矩传感器输入侧相位输入信号；TRQV——扭矩传感器电源端子；QUCS、QUSN——扭矩传感器输出侧相位输入信号；TQG1——扭矩传感器电源电路搭铁；TQG2——扭矩传感器检测电路搭铁。共有7个相应端子。

检查线束和连接器部分，分别从电控单元和传感器上断开2个相应连接器，P2和P5，对应电路图，用数字万用表的电阻挡依次检测两两端子之间的电阻，结果阻值都小于1Ω，阻值正常。之后又用数字万用表检测传感器端与车身搭铁的电阻，阻值大于10kΩ，阻值正常，说明线束和连接器无故障。

继而又对传感器进行检测，先通过测电阻反映其本身工作状态，然后依此检测，INCS与TQG2正常情况下阻值为90～170Ω，INSN与TQG2正常情况下阻值为300～430Ω，TRQV与TQG1正常情况下阻值为4～14Ω，QUCS与TQG2正常情况下阻值为90～170Ω，QUSN与TQG2正常情况下阻值为300～430Ω。

3. 故障确诊。检测发现TRQV与TQG1电源电路和搭铁端子阻值不正常，其余都正常，因此传感器不能正常工作，出现无助力转向现象，那是什么原因导致的呢？进一步检测发现，扭矩传感器是安装在输入轴上的，拆解传感器发现内部有水渗出，由于近来总下雨，车辆涉水，导致传感器密封性能下降，使传感器电源端子之间短路，造成车辆无助力功能，无法正常工作。

【故障排除】

更换扭矩传感器及相应线束，接着对转向角度传感器进行初始化，因为传感器的基准位置是电控单元判断机械部件工作的基准，校准前先检查电源电压是否为10～14V的标准值，如不是则应对蓄电池充电或更换蓄电池，将故障诊断仪进行正确连接，打开点火开关，开启故障诊断仪，选择有效按钮，对扭矩传感器进行调整，依照显示的步骤清除转向角度传感器的校准值，对转向角度传感器进行初始化，并校准扭矩传感器零点，结束之后进行试车，故障消失，转向助力恢复正常。

【故障原因】

扭矩传感器作用是向电控单元输入表示施加在转向盘上扭力大小的电信号，如果此主要信号出现故障，将会影响电控单元的正确判断，因此要从传感器本身、与电控单元的连接线束以及电控单元中查找故障。

【案例总结】

1. 电控动力转向系统各零件螺钉点漆处不允许拆卸。特别是控制器固定支撑架及熔断器盒固定支撑架不允许松动及拆卸，否则有可能会导致传感器参数改变，从而影响助力并使左、右助力大小不一样。

2. 发动机工作时尽量不要接插控制器及电机、传感器，防止由于电流对其冲击造成控制器损坏。

思考题

1. 转向发飘，如何分析与检测故障点？
2. 部分高档车为什么出现低速转向轻松，而高速时反而沉重的现象？

任务二　电控动力转向系统转向沉重故障检查与排除

课时：＿＿＿＿＿＿＿＿

班级：	组别：	姓名：	掌握程度：□优　□良　□及格 □不及格

实训目的	根据"任务二"的需求，能够正确、规范地对电控动力转向系统进行故障检查与排除。
安全注意事项	注意个人及设备安全，规范操作。
实训器材	整车（如奇瑞小蚂蚁）、整车防护七件套、棉纱手套、工具车、世达工具、数字万用表、故障诊断仪、扭矩传感器等。
教学组织	每个工位按6位学员（组长1人、主修1人、辅修1人、观察员1人、评分1人、质检1人）作业，循环操作。

操作步骤演示	 微课 EPS 转向沉重故障检查与排除

任务	作业记录内容　☑正确　☒错误

前期准备

□ 1. 护具——棉纱手套、整车防护七件套（前翼子板垫/左右翼子板垫/脚垫/转向盘套/座椅套/变速器操作杆套等）、工具车，如图2-5～图2-8所示。（注①）
□ 2. 工具——整车（见图2-9）、世达工具（见图2-10）、故障诊断仪（见图2-11）、数字万用表（见图2-12）、扭矩传感器等。

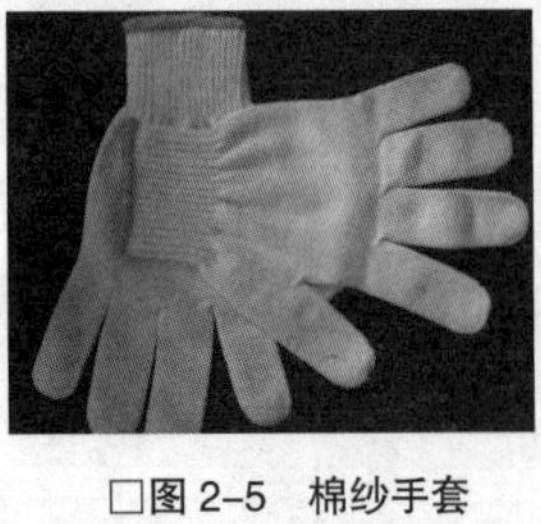

□图2-5　棉纱手套　　　□图2-6　车外三件套　　　□图2-7　车内四件套

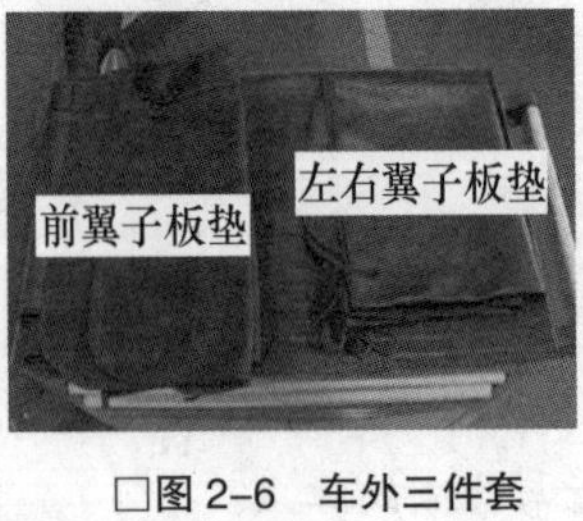

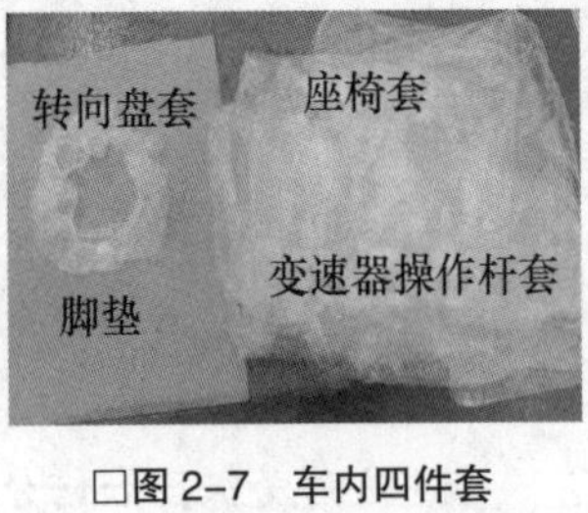

前翼子板垫　左右翼子板垫　转向盘套　座椅套　脚垫　变速器操作杆套

注①：准备工作一定要注意四到位。1. 防护到位；2. 工具到位；3. 设备到位；4. 耗材到位。

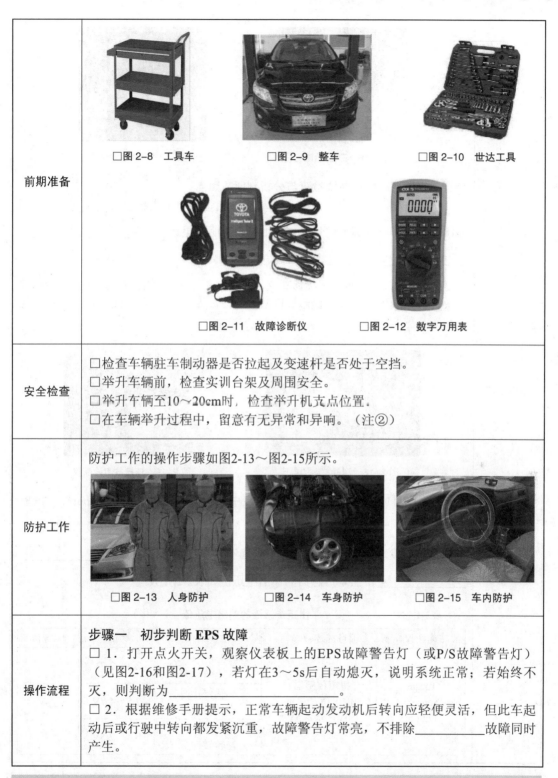

前期准备	□图2-8　工具车　　□图2-9　整车　　□图2-10　世达工具 □图2-11　故障诊断仪　　□图2-12　数字万用表
安全检查	□检查车辆驻车制动器是否拉起及变速杆是否处于空挡。 □举升车辆前，检查实训台架及周围安全。 □举升车辆至10～20cm时，检查举升机支点位置。 □在车辆举升过程中，留意有无异常和异响。（注②）
防护工作	防护工作的操作步骤如图2-13～图2-15所示。 □图2-13　人身防护　　□图2-14　车身防护　　□图2-15　车内防护
操作流程	**步骤一　初步判断 EPS 故障** □ 1．打开点火开关，观察仪表板上的EPS故障警告灯（或P/S故障警告灯） （见图2-16和图2-17），若灯在3～5s后自动熄灭，说明系统正常；若始终不 灭，则判断为＿＿＿＿＿＿＿＿＿＿＿＿＿＿＿。 □ 2．根据维修手册提示，正常车辆起动发动机后转向应轻便灵活，但此车起 动后或行驶中转向都发紧沉重，故障警告灯常亮，不排除＿＿＿＿＿＿故障同时 产生。

注②：举升过程中若有异常或异响，应立即停止当前作业并及时和老师联系，不得擅自处理。

□图2-16　EPS故障警告灯

□图2-17　P/S故障警告灯

步骤二　使用故障诊断仪检查与分析判断故障点

□ 1．蓄电池电压测量。发动机起动后，测量蓄电池电压值为_____V，如图2-18所示。蓄电池标准电压是12～14V，说明蓄电池_____，应_____。（注③）

□ 2．读取故障码。连接故障诊断仪，将点火开关置于ON位置，打开故障诊断仪开关，根据故障诊断仪的提示读取故障码，如图2-19所示。读取故障码为C1512（扭矩传感器电路故障）。

操作流程

□图2-18　测量蓄电池电压

□图2-19　连接故障诊断仪

□ 3．读取对应的数据流：选择数据表中的"Torque Sensor1 Output"（扭矩传感器1）和"Torque Sensor2 Output"（扭矩传感器2）项，读取故障诊断仪上的显示值，发现_____扭矩传感器不正常，判断依据是_____。扭矩传感器的输出电压值如表2-1所示。

表2-1　　　　　　　　　　扭矩传感器的输出电压值

故障诊断仪显示	项目描述：范围	检查条件	参考值	实测值
Torque Sensor1 Output	扭矩传感器1输出值：最低0V，最高5V	转向盘不转动（无负载）	2.3～2.7V	__V
		车辆停止时右转转向盘	2.5～4.7V	
		车辆停止时左转转向盘	0.3～2.5V	

注③：如果测量值为9V或更低则不能执行校正，需对蓄电池充电或更换蓄电池。

续表

故障诊断仪显示	项目描述：范围	检查条件	参考值	实测值
Torque Sensor2 Output	扭矩传感器2输出值：最低0V，最高5V	转向盘不转动（无负载）	2.3～2.7V	___V
		车辆停止时右转转向盘	2.5～4.7V	
		车辆停止时左转转向盘	0.3～2.5V	

操作流程

□ 4．检查动力转向系统ECU输出端。拔下动力转向系统ECU插接器a1，如图2-20所示。将点火开关置于ON位置，测量动力转向系统ECU插接器a1-6（TRQ V）和a1-8（搭铁线）间电压，电压值为8V，说明动力转向系统ECU输出正常。

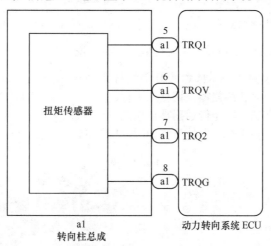

扭矩传感器

5　a1 TRQ1
6　a1 TRQV
7　a1 TRQ2
8　a1 TRQG

a1
转向柱总成

动力转向系统ECU

□图2-20　ECU插接器

□ 5．检查扭矩传感器。

□ （1）测量a1-5和a1-8间的电压。转向盘处于中心位置时，测量a1-5和a1-8间的电压为_____V；转向盘向右转时，测量a1-5和a1-8间的电压为_____V；转向盘向左转时，测量a1-5和a1-8间的电压为_____V，说明_____。

□ （2）测量a1-7和a1-8间的电压。转向盘处于中心位置时，测量a1-7和a1-8间的电压为_____V；转向盘向右转时，测量a1-7和a1-8间的电压为_____V；转向盘向左转时，测量a1-7和a1-8间的电压为_____V，说明_____。

□ （3）检查a1-5和a1-7到转向柱总成线路是否导通。测量线束电阻值为_____Ω，说明其电路_____，或判断是扭矩传感器_____。

电压参考标准值如表2-2所示。

表2-2　　　　　　　　　　电压参考标准值

故障诊断仪连接	状态（转向盘位置）	电压
al-5—al-8	中心位置	2.3～2.7V
al-7—al-8	中心位置	2.3～2.7V
al-5—al-8	向右转	2.5～4.7V
al-5—al-8	向左转	0.3～2.5V
al-7—al-8	向右转	2.5～4.7V
al-7—al-8	向左转	0.3～2.5V

□（4）更换_____，连接好插接器。将点火开关置于ON位置，再读取扭矩传感器的输出电压值。不管转向盘在什么位置，Torque Sensor 1 Output和Torque Sensor 2 Output电压差均低于0.3V，说明_____。

□（5）EPS故障警告灯仍然常亮。再次读取故障码，发现故障码变为C1515，即扭矩传感器零点调整未进行。

步骤三　扭矩传感器零点校正方法（注④）

扭矩传感器的位置如图2-21所示。

扭矩传感器

转向角度传感器

□图 2-21　扭矩传感器位置

□（1）连接故障诊断仪（见图2-22），将点火开关置于ON位置，接通故障诊断仪，检查蓄电池电压，测量的电压值为_____，说明_____

_____。

□图 2-22　连接故障诊断仪

操作流程

注④：保证开始校正前无故障码存在，否则要先清除故障码再校正。

操作流程	□（2）将点火开关置于ON位置，接通故障诊断仪，选择校零调整。 □①将转向盘置于中心位置，并将前车轮对准正前方。 □②根据提示，转动转向盘（不要快速转动）。 □③扭矩传感器零点校正过程中不要碰触转向盘。 □④零点校正完成后，确保没有故障码输出，校正完成。 □（3）校正完成后，打开点火开关，发现EPS故障警告灯2s后熄灭，转向系统恢复正常，变得轻便灵活，说明系统故障已经排除，也不需要再诊断转向系统机械装置。
仪器使用	□工具/量具选用是否正确　□工具/量具使用是否正确　□工具/量具摆放是否整齐
注意事项	1．严格按照上述操作流程进行规范操作。 2．转向沉重，EPS故障警告灯常亮，电控动力转向系统不起作用，一般情况是_____引起的，应先排除_____故障。如果故障现象还存在，再诊断转向系统机械装置。 3．因为扭矩传感器是一个精密元件，当更换了扭矩传感器后，要对其进行校正，如果未对其校正，即使更换了_____，转向系统故障仍会存在。 4．掌握电控动力转向系统的结构原理及其电路特点，根据_____手册，结合维修经验，逐步操作，诊断并排除故障。 5．进行故障诊断与排除之前，必须认真查看检查程序的"_____"和"_____"，按照要求操作，以免造成不良后果或错误结果。
检查与评估	
6S管理规范 （教师点评）	□整理　□整顿　□清扫　□清洁　□素养　□安全
成绩评定 （学生总结）	小组对本人的评定：□优　□良　□及格　□不及格 学生本次任务成绩：□优　□良　□及格　□不及格

汽车底盘电控系统实训工单（AR版）

专业考核评分表——电控动力转向系统转向沉重故障检查与排除

班级：		组别：	组长：		日期：	
技术标准：1. 检查扭矩传感器的要求；2. 调整扭矩传感器零点的要求						
序号	作业项目	考核内容	考核标准	分值	扣分	得分
1	准备环节	正确选用工具/量具	选错1次扣1分	5		
2		正确做好防护		5		
3		正确做好安全检查		5		
4	检查环节	试车确认故障存在	忘记试车不得分，错1项或漏1项则扣2分	5		
5		读取蓄电池电压		5		
6		读取故障码		5		
7		读取数据流		10		
8		检查动力转向系统ECU输出端	错1项或漏1项扣2分	15		
9		检查扭矩传感器		10		
10	维修环节	更换损坏部件	不按流程或漏1项扣2分	5		
11		调整扭矩传感器零点		15		
12		确认故障是否排除	忘记确认不得分	5		
13		实训时间	≤30min　　　10分 30～35min　　5分 ≥35min　　　0分	10		
质检员：		评分员：		合计得分		

教师点评：

团队合作：优秀☐ 良好☐ 及格☐ 不及格☐　　　　分工明确：优秀☐ 良好☐ 及格☐ 不及格☐

专业标准：优秀☐ 良好☐ 及格☐ 不及格☐　　　　操作规范：优秀☐ 良好☐ 及格☐ 不及格☐

教师签字：　　　　　　　　　　　　　　　　　　　　　　年　　月　　日

注：实训未按规范操作，导致设备损坏或人身伤害，本次考核记0分。

实训项目三 ——— 汽车被动安全系统

任务一 安全气囊系统认知

课时：_____

班级：	组别：	姓名：	掌握程度：□优 □良 □及格 □不及格

一、工作任务

1. 安全气囊系统（SRS）的认知；熟练掌握安全带及安全气囊系统的检修标准，能够完成典型故障排除。

2. 培养诚信、科学、严谨的工作态度和精益求精的精神。

二、原理与应用

1. 安全气囊系统的安装位置

_____，如图3-1所示。

图 3-1 安全气囊系统在车上的位置

2. 安全气囊系统的功用

_____

_____

3. 安全气囊系统的结构

根据图3-2所示内容写出下列各部件的作用。

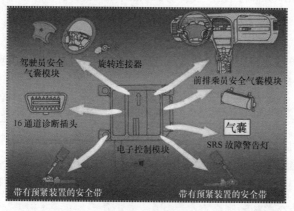

图 3-2 安全气囊系统的结构

① 电子控制模块：_____。

② 旋转连接器：_____。

③ SRS故障警告灯：_____。

④ 带有预紧装置的安全带：_____。

⑤ 通道诊断插头：_____。

4. 安全气囊系统的工作原理

车辆发生碰撞→_____→SRS ECU发出控制指令给点火器→点火器_____，迅速燃烧释放大量_____→气囊_____，如图3-3所示。

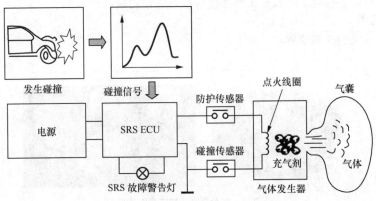

图3-3 安全气囊系统的工作原理

5. 安全气囊系统的工作过程分析

汽车碰撞中气囊的动作时间极短，如表3-1所示。从开始充气到完全充满所用时间约为_____ms；从汽车遭受碰撞开始到气囊收缩为止，所用时间仅_____ms左右，而人的眼皮眨一下所用时间约为200ms。因此，气囊动作状态和经历时间无法用肉眼确认。

表3-1 气囊动作状态

碰撞之后经历时间	0	10ms	40ms	60ms	110ms	120ms
气囊动作状态	遭受碰撞	点火引爆，开始充气	气囊充满，人体前移	排气节流，吸收动能	人体复位，恢复视野	危害解除，车速降零

6. 安全气囊系统控制电路分析

安全气囊系统控制电路图如图3-4所示。

（1）点火开关打开：备用电源会_____，诊断监测电路检测_____，发现系统存在故障则会点亮_____，起到警示作用。

（2）当发生碰撞后：_____传感器和_____传感器（也叫安全传感器）将信号传给_____。

（3）点火引爆电路：电源→_____防护传感器→_____→_____→_____→搭铁。

（4）备用电源的作用是_____；记忆电路的作用是
_____。

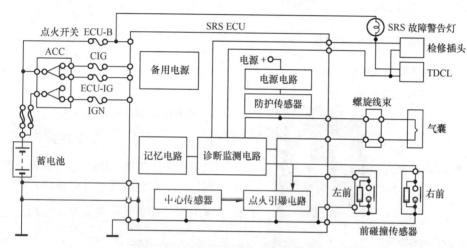

图 3-4 安全气囊系统控制电路

7. 安全气囊系统主要部件认知
   （1）碰撞传感器

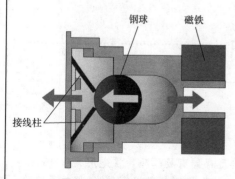

图 3-5 碰撞传感器结构原理

工作原理（见图3-5）：当碰撞产生的_____大于磁铁吸力时，钢球移动接通_____，从而接通回路。

（2）安全传感器

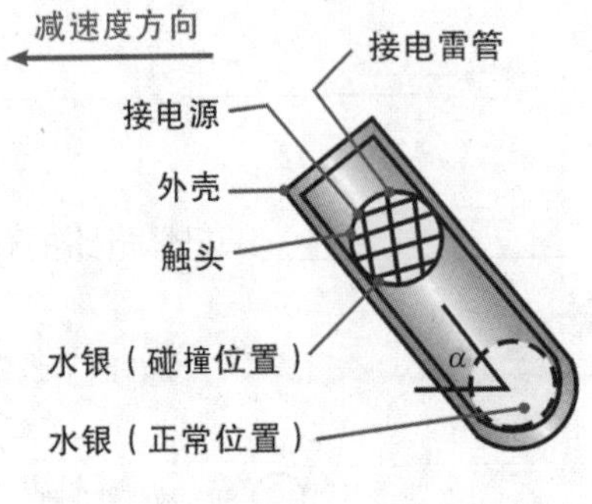

图3-6 安全传感器结构

工作原理（见图3-6）如下。

① 安全传感器用来＿＿＿＿＿＿＿＿＿

＿＿＿＿＿＿＿＿＿＿＿＿＿＿＿＿＿＿，

一般装在＿＿＿＿＿＿＿＿＿＿＿内。

② 当发生碰撞时，足够大＿＿＿＿＿

力将水银抛上，接通＿＿＿＿＿＿＿＿＿

＿＿＿＿＿。

（3）安全气囊系统电控单元

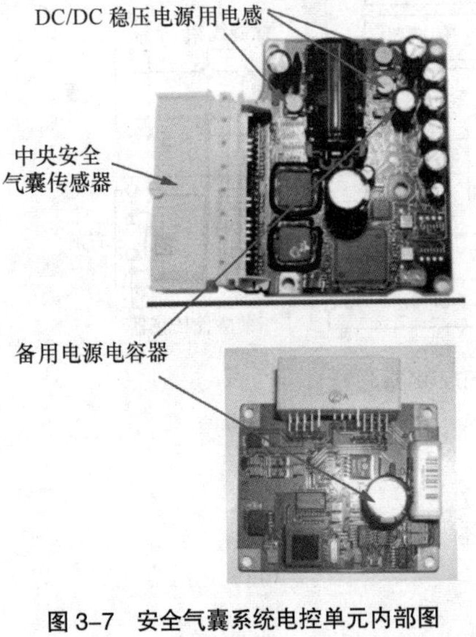

图3-7 安全气囊系统电控单元内部图

① 电源渠道有两种：＿＿＿＿＿＿＿，

系统中＿＿＿＿＿＿＿＿＿，如图3-7所示。

② 点火开关接通。10s之后，如果汽车电源电压高于安全气囊系统电控单元的最低工作电压，那么备用电源即可完成＿＿＿

＿＿＿＿＿＿＿任务。

③ 备用电源的功用。当汽车遭受碰撞而导致蓄电池与安全气囊系统电控单元之间的电路切断时，备用电源能在＿＿＿＿s之内继续供电，保证安全气囊系统正常＿＿＿＿＿。

□ 案例分享 □

【故障现象】

宝来1.8轿车安全气囊系统故障警告灯常亮。

【故障诊断】

安全气囊系统故障警告灯常亮，说明气囊电控单元存储有故障码。首先用VAG1551故障诊断仪进入安全气囊系统电控单元，查询故障码为00595，即碰撞数据已存储，经反复清除，该故障码依然存在。故障码说明安全气囊系统电控单元已经存储了一个碰撞数据，经检查该车无碰撞痕迹，用户也说未发生过碰撞事故，由此可见，故障原因应在电控单元内部。

【故障排除】

更换安全气囊系统电控单元，并进行编码，故障警告灯熄灭，故障排除。

【故障原因】

安全气囊系统故障警告灯报警故障原因及排除方法如表 3-2 所示。

表3-2　　　　　　　　安全气囊系统故障警告灯报警故障原因及排除方法

故障码	故障原因	排除方法
00595 存储碰撞数据	1. 该车发生过碰撞事故 2. 电控单元损坏	1. 检查车体表面是否有碰撞痕迹 2. 更换电控单元
00532 供电电压过大/过小	1. 交流发电机损坏 2. 安全气囊电控单元导线或连接器故障 3. 蓄电池放电或损坏	1. 检查发电机 2. 按电路图检查电控单元导线和连接器 3. 为蓄电池充电或更换蓄电池
00588 驾驶员侧安全气囊点火器N95或电路故障	1. 驾驶员安全气囊点火器N95损坏 2. 导线或连接器故障 3. 带滑环的回位环F138损坏	1. 更换驾驶员安全气囊N95 2. 更换有故障的导线或连接器 3. 更换回位环F138
00589 乘员侧安全气囊点火器N131或电路故障	1. 导线或插头故障 2. 乘员侧安全气囊点火器N131损坏	1. 更换有故障的导线或连接器 2. 更换安全气囊点火器N131

【案例总结】

（1）结合故障现象和维修手册，运用故障诊断仪确定故障部件或对应线路，再确定故障零件的安装位置。

（2）当不能确定是哪个部件的故障时，可以用引导性故障查询。

（3）再结合电路图确定控制原理及组成，并进行相应故障的排除。

（4）运用 ODIS 和 ElsaPro 系统（大众诊断系统），会给维修带来很多帮助。

思考题

如何检测判断气囊滑环？

任务二　安全带卷收器更换及安全气囊故障检修

课时：_____

班级：	组别：	姓名：	掌握程度：□优　□良　□及格 □不及格

实训目的	根据"任务二"的需求，能够正确、规范地进行安全带卷收器更换及安全气囊故障检修。
安全注意事项	注意个人及设备安全，规范操作。
实训器材	整车（如雪佛兰科鲁兹）、整车防护七件套、棉纱手套、世达工具、数字万用表、故障诊断仪、饰板拆装专用工具、安全带卷收器、3Ω电阻等。
教学组织	每个工位按6位学员（组长1人、主修1人、辅修1人、观察员1人、评分1人、质检1人）作业，循环操作。
操作步骤演示	微课 安全气囊故障检修

任务	作业记录内容　☑正确　☒错误
前期准备	□1. 护具——棉纱手套、整车防护七件套（前翼子板垫/左右翼子板垫/脚垫/转向盘套/座椅套/变速器操作杆套等），如图3-8～图3-10所示。（注①） 转向盘套　座椅套 前翼子板垫　左右翼子板垫 脚垫　变速器操作杆套 □图3-8　棉纱手套　　□图3-9　车外三件套　　□图3-10　车内四件套 □2. 工具、耗材——整车、世达工具（见图3-11）、故障诊断仪（见图3-12）、数字万用表（见图3-13）、饰板拆装专用工具（见图3-14）、安全带卷收器（见图3-15）、3Ω电阻等。

注①：准备工作一定要注意四到位。1. 防护到位；2. 工具到位；3. 设备到位；4. 耗材到位。

前期准备	
安全检查	□检查车辆驻车制动器是否拉起及变速杆是否处于空挡。 □检查实训车辆及周围安全。 □打开发动机舱盖并支撑牢固。
防护工作	防护工作的操作步骤如图3-16～图3-18所示。 □图3-16 人身防护　□图3-17 车身防护　□图3-18 车内防护
操作流程	**步骤一　安全带的拆卸** □1．用饰板拆装专用工具撬开B柱上饰板上部的两个卡子，使上饰板与B柱脱离，如图3-19所示。（注②） □2．用饰板拆装专用工具将前、后门中部的两个卡子撬开，再撬开与B柱下饰板连接的部位，然后用手扒开，如图3-20所示。 □3．用饰板拆装专用工具从上往下撬开B柱的下饰板，然后用手向上拽取下B柱下饰板。 □4．用对应的梅花扳手拆下安全带底部固定螺钉，然后从B柱上饰板里抽出安全带，取下上饰板。

注②：B柱下饰板下部有两个固定卡子，拆卸时注意不要拽坏。

□图 3-19　拆卸安全带饰板

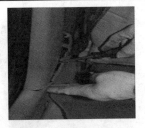

□图 3-20　拆卸 B 柱下饰板

□ 5．用对应的内六角扳手拆下安全带上部的固定螺钉（见图3-21），再用十字螺钉旋具拆下安全带导向环（见图3-22），然后用对应的梅花扳手拆下安全带卷收器的固定螺钉（见图3-23），最后取下安全带总成（见图3-24）。

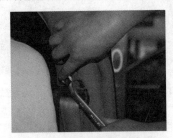

□图 3-21　拆卸安全带固定螺钉

□图 3-22　拆卸安全带导向环

□图 3-23　拆卸安全带卷收器螺钉

□图 3-24　取出安全带总成

步骤二　安全带卷收器检测及安装

□ 1．安全带总成如图3-25所示。目测安全带卷收器是否损坏（见图3-26），带安全带预紧器的应检查预紧器插头是否烧毁。

□ 2．取来新的安全带卷收器，对比检查是否相匹配及有无破损。

□图 3-25　安全带总成

□图 3-26　检查卷收器

操作流程

操作流程	
	□ 3．按照拆卸相反顺序装配安全带卷收器。 □ 4．检查B柱饰板、前后门踏板，是否安装到位、平整，无翘曲，如图3-27所示。 □ 5．用手轻拉安全带查看是否活动自如，用手急拉安全带查看是否锁止及时，如图3-28所示。 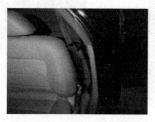　 □图 3-27　检查饰板安装效果　　　□图 3-28　测试安全带 □ 6．扣上安全带，检查安全带指示灯是否正常熄灭。装有安全带预紧器的，检查安全气囊故障警告灯是否工作正常，如图3-29所示。（注③）  □图 3-29　安全气囊故障警告灯 **步骤三　故障检修（安全气囊故障警告灯常亮的检测）（注④）** □ 1．连接故障诊断仪，打开点火开关，打开故障诊断仪，如图3-30所示。（注⑤）  □图 3-30　连接故障诊断仪 □ 2．在故障诊断仪上选择系统，读取故障码：00588（驾驶员侧安全气囊点火器N95故障）。 □ 3．根据故障码00588分析原因：电阻太大、电阻太小、对正极短路、对负极短路（重点检查导线连接故障、驾驶员侧安全气囊故障、时钟弹簧故障）。

注③：如果故障警告灯不熄灭，说明安全带或者安全气囊系统有故障。
注④：以大众帕萨特1.8T自动挡为例。
注⑤：1．检测插头在变速杆旁边小饰板下面；2．转动转向盘，检查是否有异响。

操作流程	□ 4. 拆下组合开关罩，拔下时钟弹簧（见图3-31和图3-32）与安全气囊系统电控单元之间的连线，用一个3Ω电阻插在电控单元侧插头上面。   □图 3-31　时钟弹簧　　　　　　　□图 3-32　时钟弹簧插头 □ 5. 清除故障码，看故障灯是否熄灭，如图3-33所示。如果不熄灭，用数字万用表测量时钟弹簧到电控单元之间连接线的通断（阻值小于2Ω）；如果熄灭说明是时钟弹簧或主气囊故障。（注⑥） 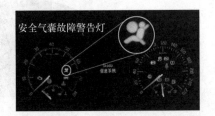 □图 3-33　安全气囊故障警告灯 □ 6. 拆下主气囊。3Ω电阻插在主气囊侧时钟弹簧插头上，然后清除故障码看故障警告灯是否熄灭。如果熄灭说明是主气囊损坏，如果不熄灭说明是时钟弹簧有故障，哪个有故障更换哪个部件。（注⑦）
仪器使用	□ 工具/量具选用是否正确　　□ 工具/量具使用是否正确　　□ 工具/量具摆放是否整齐
注意事项	不可轻易用数字万用表或者其他未经认可的带电仪器设备检修安全气囊系统，否则有可能会引爆气囊，检测前蓄电池电压应大于9V。
检查与评估	
6S管理规范 （教师点评）	□整理　　□整顿　　□清扫　　□清洁　　□素养　　□安全
成绩评定 （学生总结）	小组对本人的评定：□优　　□良　　□及格　　□不及格 学生本次任务成绩：□优　　□良　　□及格　　□不及格

注⑥：勿测量点火器的电阻。
注⑦：通过3Ω的电阻，逐步地短接电控单元与主气囊的连接线，判断故障点。

专业考核评分表——安全带卷收器更换及安全气囊故障检修

班级：		组别：		组长：		日期：	

技术标准：1. 安全带卷收器拆装规范及顺序要求；2. 确认安全气囊故障位置；3. 掌握故障排除的方法、思路和要求

序号	作业项目	考核内容	考核标准	分值	扣分	得分
1	准备环节	正确选用工具/量具	选错1次扣1分	5		
2		正确做好防护	少做1项扣1分	5		
3		正确做好安全检查	漏掉1项扣1分	5		
4	拆装环节	拆卸上饰板	不按要求操作1次扣2分	5		
5		拆卸下饰板	不按要求操作1次扣2分	5		
6		拆卸安全带总成	不按要求操作1次扣2分	5		
7		检查新的卷收器	漏掉1项扣1分	5		
8		安装到位并检测	未安装到位扣5分	5		
9	检查环节	试车确认故障存在	忘记试车不得分	5		
10		读取故障码	方法错误扣2分	5		
11		清除故障码并分析	无法正确分析扣10分	10		
12		拆除主气囊	不按流程扣3分	5		
13		确认故障位置	故障位置不正确扣10分	10		
14	维修环节	更换损坏部件	不按流程扣2分	5		
15		恢复车辆部件	漏掉1项扣1分	5		
16		确认故障是否排除	忘记确认不得分	5		
17	实训时间		≤20min 10分 20～25min 5分 ≥25min 0分	10		
质检员：		评分员：		合计得分		

教师点评：

团队合作：优秀□ 良好□ 及格□ 不及格□   分工明确：优秀□ 良好□ 及格□ 不及格□

专业标准：优秀□ 良好□ 及格□ 不及格□   操作规范：优秀□ 良好□ 及格□ 不及格□

教师签字：   年   月   日

注：实训未按规范操作，导致设备损坏或人身伤害，本次考核记0分。

实训项目四 —— 电控悬架系统

任务一　电控悬架系统认知

课时：＿＿＿＿＿＿

班级：	组别：	姓名：	掌握程度：□优　□良　□及格 □不及格

一、工作任务

1. 电控悬架系统的认知；熟练掌握电控悬架系统的检修标准，完成故障排除。
2. 培养安全意识、规范意识和环保意识，养成遵守行业标准和规范的习惯。

二、原理与应用

1. 电控悬架系统的安装位置

（1）用笔画出图4-1中的悬架。

（2）写出图4-1所示字母对应部件的名称及作用：

A为＿＿＿＿＿＿＿＿，其作用是＿＿＿＿＿＿＿＿＿＿＿＿＿＿＿＿＿＿＿＿；

B为＿＿＿＿＿＿＿＿，其作用是＿＿＿＿＿＿＿＿＿＿＿＿＿＿＿＿＿＿＿＿；

C为＿＿＿＿＿＿＿＿，其作用是＿＿＿＿＿＿＿＿＿＿＿＿＿＿＿＿＿＿＿＿；

D为＿＿＿＿＿＿＿＿，其作用是＿＿＿＿＿＿＿＿＿＿＿＿＿＿＿＿＿＿＿＿；

E为＿＿＿＿＿＿＿＿，其作用是＿＿＿＿＿＿＿＿＿＿＿＿＿＿＿＿＿＿＿＿。

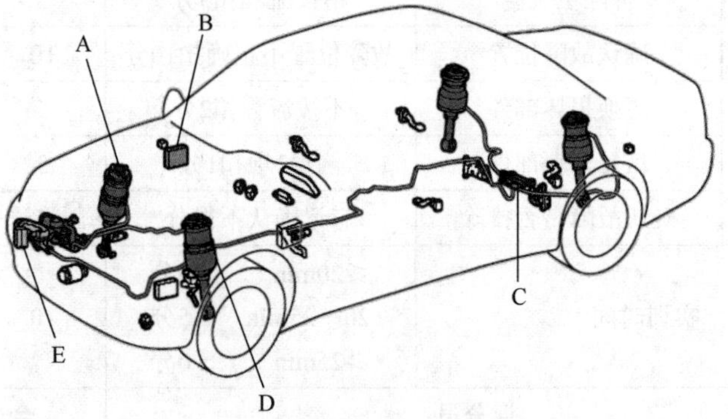

图 4-1　电控悬架系统的位置

如图4-2所示，电控悬架的输入信号有＿＿＿＿＿＿＿＿＿＿＿＿＿＿＿＿＿＿＿＿

＿＿＿＿＿＿＿＿＿＿＿＿＿＿＿＿＿＿＿＿。输出控制元件有＿＿＿＿＿＿＿＿＿＿＿

＿＿＿＿＿＿＿＿＿＿＿＿＿＿＿＿＿＿＿＿＿＿＿＿＿＿＿＿＿＿＿＿＿＿＿＿＿＿＿

＿＿＿＿＿＿＿＿＿＿＿＿＿＿＿＿＿＿＿＿＿＿＿＿＿＿＿＿＿＿＿＿＿＿＿＿＿＿。

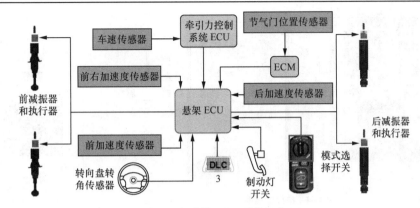

图 4-2　电控悬架系统的组成

2. 大众公司电控悬架系统（见图4-3）认知

（1）"lift"（提升）模式（+25mm）与"automatic"（自动）模式相比，底盘提升了_____mm。

图 4-3　电控悬架显示器

（2）"comfort"（舒适）模式（基本高度）底盘高度与"automatic"（自动）模式一致，在车速较低时_____要弱。

（3）"automatic"（自动）模式（基本高度）以_____为主；在车速超过120 km/h并保持30s后，底盘会下沉_____mm。

（4）"dynamic"（动态）模式（-20mm）与"automatic"（自动）模式相比，底盘下沉_____mm，并且自动调整到运动模式的减振曲线；在车速超过120 km/h并保持30s后，底盘会再下沉_____mm。

3. 大众公司电控悬架系统组成及工作原理

（1）减振器。

① 作用。写出图4-4所示的各组成部分的作用。

减振器活塞A：_____。

缸套B：_____。

控制阀C：_____。

弹簧D：_____。

电磁线圈E：_____。

② 特点。连续减振控制系统（CDC）采用双管式充气减振器，具有电动连续可调功能。

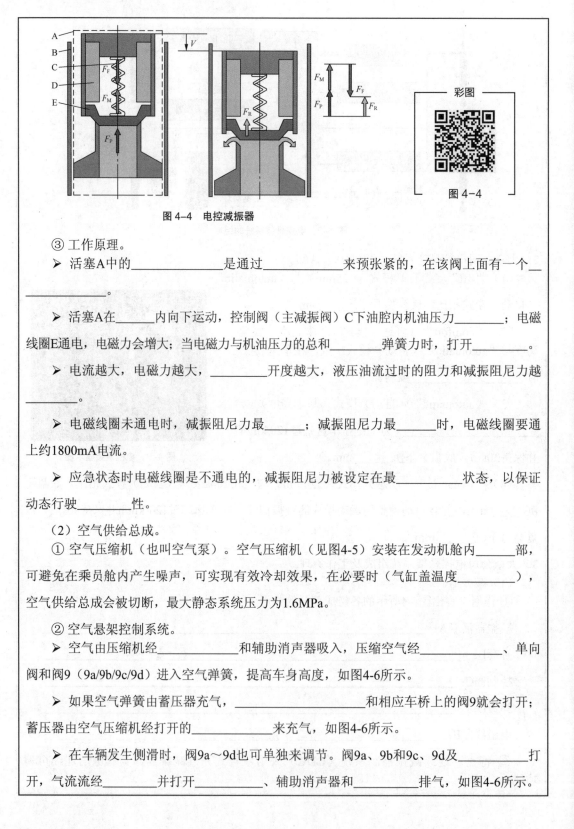

图4-4　电控减振器

③ 工作原理。

➤ 活塞A中的_____是通过_____来预张紧的，在该阀上面有一个_____。

➤ 活塞A在_____内向下运动，控制阀（主减振阀）C下油腔内机油压力_____；电磁线圈E通电，电磁力会增大；当电磁力与机油压力的总和_____弹簧力时，打开_____。

➤ 电流越大，电磁力越大，_____开度越大，液压油流过时的阻力和减振阻尼力越_____。

➤ 电磁线圈未通电时，减振阻尼力最_____；减振阻尼力最_____时，电磁线圈要通上约1800mA电流。

➤ 应急状态时电磁线圈是不通电的，减振阻尼力被设定在最_____状态，以保证动态行驶_____性。

（2）空气供给总成。

① 空气压缩机（也叫空气泵）。空气压缩机（见图4-5）安装在发动机舱内_____部，可避免在乘员舱内产生噪声，可实现有效冷却效果，在必要时（气缸盖温度_____），空气供给总成会被切断，最大静态系统压力为1.6MPa。

② 空气悬架控制系统。

➤ 空气由压缩机经_____和辅助消声器吸入，压缩空气经_____、单向阀和阀9（9a/9b/9c/9d）进入空气弹簧，提高车身高度，如图4-6所示。

➤ 如果空气弹簧由蓄压器充气，_____和相应车桥上的阀9就会打开；蓄压器由空气压缩机经打开的_____来充气，如图4-6所示。

➤ 在车辆发生侧滑时，阀9a～9d也可单独来调节。阀9a、9b和9c、9d及_____打开，气流流经_____并打开_____、辅助消声器和_____排气，如图4-6所示。

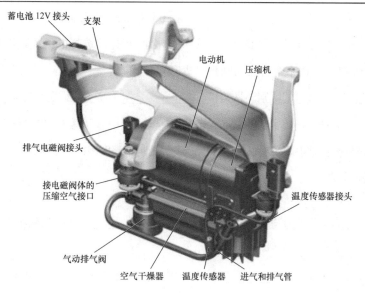

图 4-5 空气压缩机

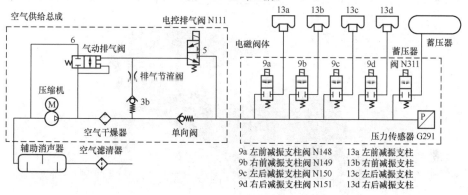

9a 左前减振支柱阀 N148   13a 左前减振支柱
9b 右前减振支柱阀 N149   13b 右前减振支柱
9c 左后减振支柱阀 N150   13c 左后减振支柱
9d 右后减振支柱阀 N151   13d 右后减振支柱

图 4-6 空气悬架控制系统

（3）电控悬架系统功能调节。

汽车底盘有标准底盘和运动底盘两种类型。

① 标准底盘调节。

➢ "自动"模式，以满足舒适性为主。车速超过120km/h的时间高于30s后，底盘会下沉_____mm；车速低于70km/h的时间达到120s或车速低于35km/h时，底盘会_____到基本高度状态。

➢ "动态"模式（-20mm），无论车速是多少，悬架均呈现一种较硬的_____特性；车速超过120km/h的时间高于30s后，底盘会再下沉_____mm；车速低于70km/h的时间达到120s或车速低于35km/h时，底盘会_____运动高度状态。

➢ "舒适"模式时悬架的减振阻尼特性比"_____"模式时更舒适，尤其在车速较低时更是这样。

> "提升"模式（+25mm）。只有当车速低于80km/h时才能选择这个模式。当车速超过_____km/h时会自动脱离此模式，这时车会回到先前选择的模式，即使车速又降到_____km/h以下，也不会再自动回到"提升"模式。

② 运动底盘与标准底盘的区别。悬架和_____有所变化，更适合运动方面的要求。当车速低于_____km/h时，底盘的高度在"自动"模式、"动态"模式、"舒适"模式时与标准底盘汽车是一样的，但减振阻尼特性曲线不同，车辆的基本高度比标准底盘车低_____mm。

③ 特殊工况调节。

> 转弯工况悬架调节：转弯时，根据_____传感器和_____传感器的信号来判断转弯状况，减振阻尼力与当时的行驶状况相_____，可以避免不必要的车身运动（如_____）。

> 制动调节：减振_____调节过程主要在ABS/EPS制动过程中发挥作用，根据制动力的大小来进行调节，这样就可将汽车_____和车身的晃动减至最小，如图4-7所示。

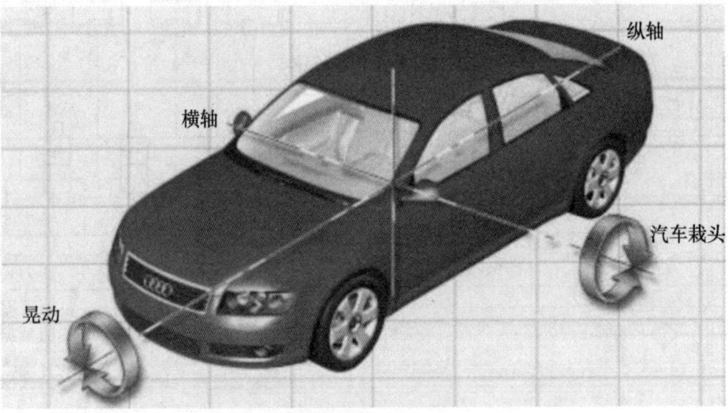

图 4-7　带有空气悬架的汽车在特殊工况的调节

···········　☒ 案例分享 ☒　···········

案例一

———— 【故障现象】 ————

一辆辉腾轿车，电控悬架系统车身高度控制不起作用，该车行驶里程为 35684km，以前电控悬架系统没出现过故障。

———— 【故障诊断】 ————

1. 对车辆进行检查时发现仪表显示发动机及电控悬架故障警告灯常亮；借用大众专用诊断仪调取所有故障码（11、12、13、14），车身高度传感器信号故障。确认有故障存在且故障码删除后又会重新出现。

2. 拆下前轮胎，脱开车身高度传感器连接器，将点火开关置于 ON 位置，测量车身高度传感器连接器端子 1 与车身搭铁之间的电压，发现与供电电压一样，说明前车身高度传感器继电器正常。

3. 检查悬架 ECU 与车身高度传感器之间的配线与连接器，发现电压与供电电压一样，说明配线与连接器没问题。那么有可能是传感器和 ECU 有故障，由于 ECU 太贵，所以决定先更换传感器。

【故障排除】

更换一只完好的车身高度传感器，故障消失，说明是车身高度传感器损坏。

【故障原因】

查看维修资料，故障可能发生的部位：车身高度传感器继电器；传感器与 ECU 之间电路；ECU。

案例二

【故障现象】

一辆丰田凌志车 LS400 在行驶途中想要升高车身，但是空气压缩机（其电路图见图 4-8）不工作，无法升高车身。

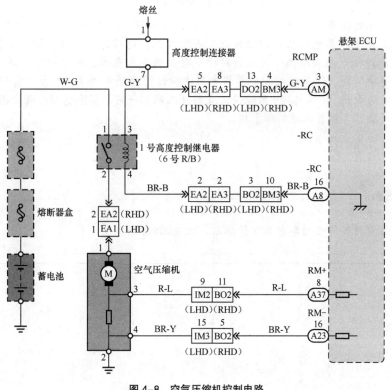

图 4-8　空气压缩机控制电路

【故障诊断】

1. 用故障诊断仪读取故障码，ECU 存储器中存在故障码，此时，汽车高度控制及减振阻尼力和弹簧刚度控制被禁止，用故障诊断仪清除故障码并试车后，故障码再次出现，说明是空气压缩机故障。

2. 拆下行李箱右侧盖，将点火开关转到 ON 位置，短接高度控制连接器端子 1 与 7，空气压缩机正常运转。

3. 脱开悬架 ECU 连接器，检查 ECU 连接端子 RM+ 与 RM− 之间的电阻，结果发现不导通。

【故障排除】

更换悬架 ECU 连接器，重复第 2 步骤，发现已经导通，进一步试车，发现故障排除。

【故障原因】

空气压缩机电动机控制电路容易出现故障的部位一般是连接器，或者空气压缩机电动机配线，而 ECU、空气压缩机一般不会出现损坏现象，所以当遇到空气压缩机部位故障的时候应该先考虑配线以及连接器是否有故障，在检查后，若没有故障再检查空气压缩机是否出现故障，若空气压缩机也无故障，再考虑是不是悬架 ECU 故障。

【案例总结】

从上述故障的检查、诊断与排除过程可以看到：随着电子器件及网络技术的广泛应用，在高端轿车底盘上配置电控技术的项目也在不断增加，电控系统故障的诊断与排除对专用诊断仪器的依赖性也越来越高。因此，对于一些高级车型电控系统的维修，不是简单更换新配件就能解决问题，很多时候需要掌握专用诊断仪器的使用方法，结合丰富的维修经验，才能进行有效的诊断、故障排除、系统设定或新件编码。一定要实际操作各种专用诊断仪器，只有自己动手操作才能真正理解和掌握。

思考题

根据以上案例如何检测车身高度传感器、继电器故障？

任务二　电控悬架系统检查与调整

课时：_____

班级：	组别：	姓名：	掌握程度：□优　□良　□及格 □不及格
实训目的	根据"任务二"的需求，能够正确、规范地对电控悬架进行检查与调整。			
安全注意事项	注意个人及设备安全，规范操作。			
实训器材	整车（如丰田雷克萨斯）、电控悬架实训台架、工具车、棉纱手套、世达工具、数字万用表、故障诊断仪等。			
教学组织	每个工位按6位学员（组长1人、主修1人、辅修1人、观察员1人、评分1人、质检1人）作业，循环操作。			

操作步骤演示	微课 电控悬架系统检查与调整

任务	作业记录内容　☑正确　☒错误
前期准备	□ 1．护具——棉纱手套和工具车等，如图4-9和图4-10所示。（注①） □ 2．工具、耗材——整车、电控悬架实训台架（见图4-11）、世达工具（见图4-12）、故障诊断仪（见图4-13）、数字万用表（见图4-14）等。 □图4-9　棉纱手套　　□图4-10　工具车　　□图4-11　电控悬架实训台架

注①：准备工作一定要注意四到位。1．防护到位；2．工具到位；3．设备到位；4．耗材到位。

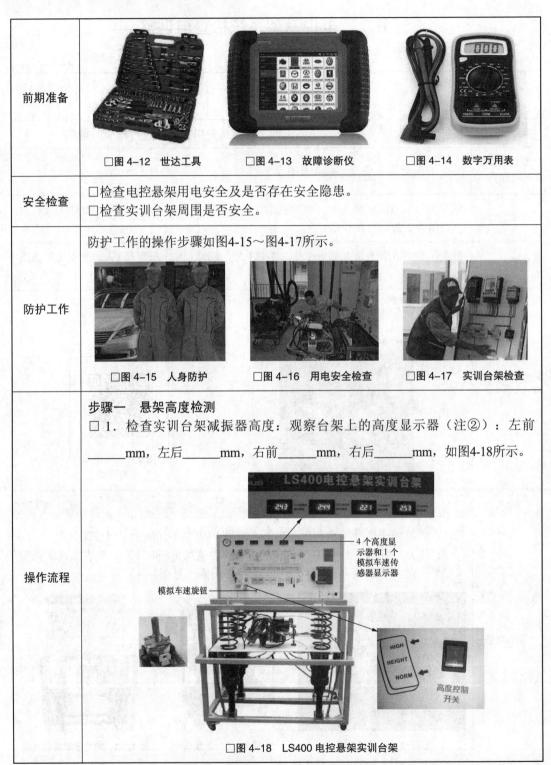

前期准备	□图 4-12　世达工具　　　□图 4-13　故障诊断仪　　　□图 4-14　数字万用表
安全检查	□检查电控悬架用电安全及是否存在安全隐患。 □检查实训台架周围是否安全。
防护工作	防护工作的操作步骤如图4-15～图4-17所示。 □图 4-15　人身防护　　　□图 4-16　用电安全检查　　　□图 4-17　实训台架检查
操作流程	**步骤一　悬架高度检测** □ 1．检查实训台架减振器高度：观察台架上的高度显示器（注②）：左前 ＿＿＿＿mm，左后＿＿＿＿mm，右前＿＿＿＿mm，右后＿＿＿＿mm，如图4-18所示。 LS400电控悬架实训台架　243　244　221　253 4 个高度显示器和 1 个模拟车速传感器显示器 模拟车速旋钮 HIGH　HEIGHT　NORM　高度控制开关 □图 4-18　LS400 电控悬架实训台架

注②：1. 高度变化都可以从台架上的高度显示器读出；2. 检查不合格则需先调整。

操作流程	□ 2．在汽车处于"HIGH"高度调整状态下，开关从"HIGH"位置切换到"NORM"位置，从操作高度控制开关到开始排气约需_____s；从开始排气到完成调整所需的时间为_____s；减振器高度的变化量为：左前_____mm、左后_____mm、右前_____mm、右后_____mm。 □ 3．在台架上，把车速调至50km/h，将高度控制开关从"NORM"位置切换到"HIGH"位置，汽车高度的变化量为：左前_____ mm、左后_____mm、右前_____mm、右后_____mm。 □ 4．在台架上，把车速调至160km/h，检查下降_____。汽车高度的变化量为：左前_____mm、左后_____mm、右前_____mm、右后_____mm，再将车速调至50km/h，回到初始状态。 □ 5．用肥皂水检查系统是否有漏气。 □（1）将高度控制开关切换至"HIGH"位置，升高车身。 □（2）发动机熄火。 □（3）在所有软、硬管连接处涂抹肥皂水检查是否漏气。 □（4）判断是_____漏气。 □ 6．通过台架的实验发现，改变_____、_____可改变车辆的高度。 **步骤二　电控悬架高度调整** □ 1．拧松车身高度传感器连接杆上的两个锁紧螺母，如图4-19所示。 □ 2．转动车身高度传感器连接杆的螺栓以调节长度，如图4-20所示。 □ 3．检查车身高度传感器连接杆的尺寸是否小于极限值。 □ 4．预紧两个锁紧螺母。 □ 5．再检查一次汽车高度。 □ 6．拧紧锁紧螺母。 　　 □图4-19　车身高度传感器　　□图4-20　调整的方法

操作流程

步骤三　电控悬架系统检测

□1. 空气压缩机检测（注③）

空气压缩机在台架上的位置如图4-21所示。空气压缩机电路图如图4-22所示。将检测到的空气压缩机的参数填入表4-1中。

□图4-21　空气压缩机在台架上的位置

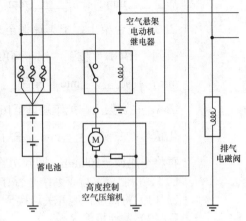

□图4-22　空气压缩机电路图

表4-1　　　　　　　　　　空气压缩机检测参数

序号	项目	参数
1	空气压缩机的工作电压	
2	空气压缩机的阻值	
3	空气压缩机的工作电流	

□2. 高度控制电磁阀检测

（1）前后高度控制电磁阀［见图4-23（a）］的电阻分别是_____Ω和_____Ω（其标准值是9～15Ω）；确定_____存在问题。

（2）排气电磁阀［见图4-23（b）］的检测电阻是_____Ω（其中标准值是9～15Ω）。

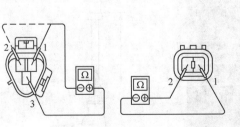

（a）前后高度控制电磁阀　　　　　　　　　　　（b）排气电磁阀

□图4-23　高度控制电磁阀和排气电磁阀

注③：将点火开关转到ON，从蓄电池直接供电给空气压缩机，以迫使空气压缩机工作；观察空气压缩机是否工作。

□ 3．车身高度传感器检测

　　车身高度传感器在整车上的位置如图4-24所示。车身高度传感器在台架上的位置如图4-25所示。

□（1）打开点火开关，测量悬架ECU连接器端子SBR、SBL与车身搭铁之间的电压，标准值约5V。若不正常，则检查和更换悬架ECU。

车身高度传感器

车身高度传感器

□图4-24　车身高度传感器在整车的位置　　□图4-25　车身高度传感器在台架的位置

□（2）给传感器施加约4.5V的电压，如图4-26所示，使控制杆缓慢地上下移动（见图4-27），同时检查传感器的信号端子与搭铁之间的信号电压，标准值：高位置时，信号电压为2.3～4.1V；正常位置时，信号电压为2.3V；低位置时，信号电压为0.5～2.3V。将检测结果填入表4-2中。

操作流程

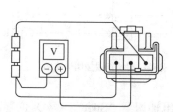

低
正常
高

□图4-26　车身高度传感器检测方法　　□图4-27　车身高度传感器在不同位置的信号电压检测

表4-2　　　　　　　　　　　　　　　　车身高度传感器检测参数

位置 项目	高位置	正常位置	低位置
参考电压			
信号电压			
传感器类型			

□（3）实际检测结果：_____。

□（4）确定故障：_____。

□ 4．悬架控制执行器的检测

　　悬架控制执行器的控制电路图如图4-28所示。

□（1）脱开执行器连接器，测量悬架控制执行器各线圈的电阻，应为14.7～

15.7Ω。实际检测结果为_____Ω，判断其为_____。

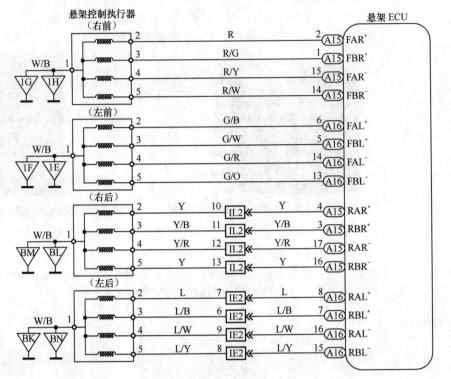

□ 图4-28 悬架控制执行器控制电路图

□（2）用螺钉旋具将执行器输出轴调至"Soft"（软）位置，然后将蓄电池正、负极按图4-29所示连接到悬架控制执行器连接器的各端子，此时，悬架控制执行器应朝"Hard"（硬）位置更进一步。

蓄电池 ⊕	蓄电池 ⊖	位置
2 和 3	1	"软" 1→2
3 和 4	1	2→3
4 和 5	1	3→4
5 和 2	1	4→5
2 和 3	1	5→6
3 和 4	1	6→7
4 和 5	1	7→8
5 和 2	1	8→9 "硬"

□ 图4-29 悬架控制执行器检测

□（3）上述检查若不正常，则判断悬架控制执行器_____。

操作流程

仪器使用	□工具/量具选用是否正确　　□工具/量具使用是否正确　　□工具/量具摆放是否整齐
注意事项	1．当点火开关在打开位置时，不要随意断开蓄电池接线，不要拆卸或安装控制模块及其电子插头。 2．在结束实训后，应该将台架的高度控制开关（ON/OFF）置于OFF位置或断开蓄电池负极。 3．汽车装有安全气囊系统，维修电控悬架系统前，应先将安全气囊系统电路断开。 4．在电控悬架系统的检测中，应使用生产厂家在维修手册中要求的检测工具。
检查与评估	
6S管理规范 （教师点评）	□整理　　□整顿　　□清扫　　□清洁　　□素养　　□安全
成绩评定 （学生总结）	小组对本人的评定：□优　　□良　　□及格　　□不及格 学生本次任务成绩：□优　　□良　　□及格　　□不及格

微课

技术前沿：自
动泊车系统

专业考核评分表——电控悬架系统检查与调整

班级：		组别：	组长：		日期：	

技术标准：1. 电控悬架高度调整要求；2. 电控悬架检测项目要求

序号	作业项目	考核内容	考核标准	分值	扣分	得分
1	准备环节	正确选用工具/量具	选错1次扣1分	5		
2		正确做好防护	少做1项扣1分	5		
3		正确做好安全检查	漏掉1项扣1分	8		
4	检查环节	检测悬架静态高度	漏掉1项扣1分	5		
5		检测车速为50km/h时的悬架高度	漏掉1项扣1分	5		
6		检测车速为160km/h时的悬架高度	漏掉1项扣1分	5		
7		检查悬架系统是否漏气	漏掉1处扣1分	4		
8		分析确认故障	未确认扣5分	5		
9	调整环节	拧松车身高度传感器连接杆螺母	不按要求扣2分	5		
10		调节螺栓长度	不按要求扣2分	5		
11		预紧并再次检查高度	忘记预紧不得分	5		
12		拧紧锁紧螺母	未锁紧扣3分	3		
13	电控悬架检测环节	检测空气压缩机	不按规范扣2分	5		
14		检测高度控制电磁阀	不按规范扣2分	10		
15		检测车身高度传感器	不按要求使用仪器扣2分	10		
16		检测悬架控制执行器	漏掉1项扣1分	5		
17		实训时间	≤15min　　　10分 15～20min　　5分 ≥20min　　　0分	10		

质检员：	评分员：	合计得分	

教师点评：

团队合作：优秀☐ 良好☐ 及格☐ 不及格☐　　　分工明确：优秀☐ 良好☐ 及格☐ 不及格☐

专业标准：优秀☐ 良好☐ 及格☐ 不及格☐　　　操作规范：优秀☐ 良好☐ 及格☐ 不及格☐

教师签字：　　　　　　　　　　　　　　　　　　　　　　年　　月　　日

注：实训未按规范操作，导致设备损坏或人身伤害，本次考核记0分。

实训项目五　自动变速器

任务　自动变速器认知

课时：_____

班级：	组别：	姓名：	掌握程度：□优　□良　□及格 □不及格

一、工作任务

1．熟悉自动变速器的类型；熟悉自动变速器各挡位的名称和作用；能熟练进行换挡操作。

2．明确职业技术岗位所需的职业规范和精神，树立社会主义核心价值观。

二、原理与应用

（1）观察图5-1和图5-2所示，写出变速杆各位置的名称及作用。

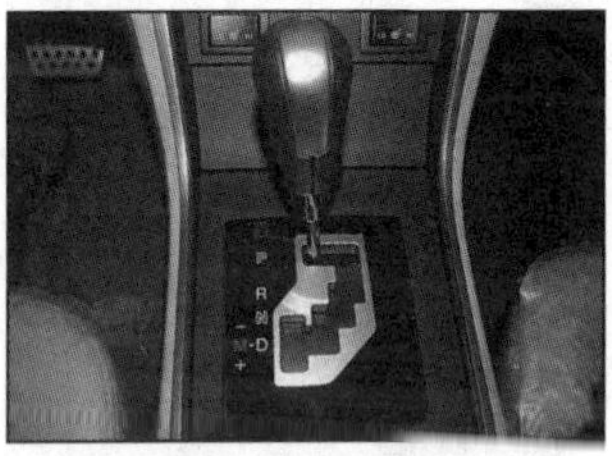

图 5-1　手自一体变速杆 　　　　　　　　图 5-2　自动挡变速杆

① P为_____，作用：_____。

② R为_____，作用：_____。

③ N为_____，作用：_____。

④ D为_____，作用：_____。

⑤ M为_____，其中"+"和"-"的作用：_____。

⑥ S为_____，作用：_____。

在变换变速杆位置时，先按下变速杆上方的变速杆锁止按钮，否则无法移动变速杆。

（2）ZF 4HP自动变速器的位置如图5-3所示，写出自动变速器型号的含义。

ZF是_____；4是_____；H是_____；P是_____。

（3）写出图5-4中各字母所指示的零部件的名称。

A为_____；B为_____；C为_____；

D为_____；E为_____。

（4）根据图5-5写出电控液力自动变速器各组成部分的名称及作用。

1为_____，作用是_____；

2为_____，作用是_____；

3为_____，作用是_____；

图5-3 ZF 4HP 自动变速器

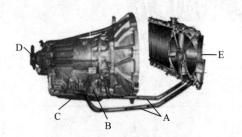

图5-4 自动变速器的组成

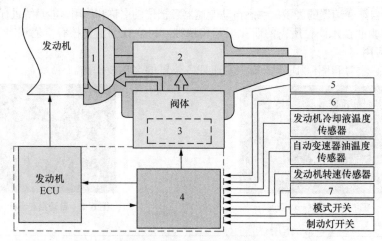

图5-5 电控液力自动变速器

4为_____，作用是_____；

5为_____，作用是_____；

6为_____，作用是_____；

7为_____，作用是_____。

（5）写出图5-6所示的自动变速器的类型，并在图中标出输入轴及输出轴的方向。

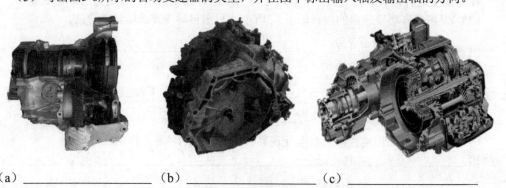

（a）_____ （b）_____ （c）_____

图5-6 自动变速器

□ 案例分享 □

【故障现象】

一辆 2008 年产奥迪 A6L 轿车,该车搭载 2.4L 发动机和 01T 型链传动无级变速器(CVT)。据用户介绍,该车因前进挡起步及低速范围加速时严重耸车(顿挫)而报修,特别是松开再踩下加速踏板时耸车特别明显。有时车辆无法加速,同时仪表挡位指示灯全亮,此时耸车现象加剧。据用户反映,这种耸车现象很早就出现了,因为早期故障不明显,只是给变速器进行了换油保养,情况有所好转。

【故障诊断】

1. 维修人员首先连接故障诊断仪检测变速器控制系统,查询到一个故障码"05955/P1743 000——离合器打滑监控信号太高,静态"。

2. 删除故障码后维修人员试车,在试车过程中,维修人员连接故障诊断仪监测,发现当耸车现象出现时,变速器控制系统动态数据流中,离合器的数据信息不断地在"AS"和"SY"之间转换,这充分说明故障现象的生成是离合器打滑引起的。

3. 维修人员将变速器拆下解体检查,从变速器油的颜色和气味上判断,离合器已经有烧蚀情况。分解离合器后检查发现,离合器活塞和第一片摩擦片之间的距离非常大,这说明离合器间隙过大。

4. 拆解离合器后发现,摩擦片已经严重烧损。维修人员更换一组全新的摩擦片并调整好间隙,同时更换了内外滤清器。由于怀疑是阀体供油压力不足引起的离合器摩擦片烧蚀,所以又更换了一块阀体。其他部件(如传动链)看上去都很正常,因此没有更换。

5. 装车并进行路试自适应匹配,路试成功后故障现象彻底消失。维修人员判断故障已经排除,将车交付给用户。

6. 3 个月后,该车又因耸车问题返厂。维修人员试车发现,故障现象跟首次故障差不多。考虑到第一次维修时已经更换过阀体,判断离合器摩擦片烧损与阀体无关。第 2 次解体变速器后发现,之前更换的离合器摩擦片又烧损了。

【故障排除】

为了防止再次返修,维修人员更换了全新的离合器总成,并通过加压试验检测到离合器本身以及阀体至离合器之间的油路没有泄漏情况。然后维修人员又对阀体进行了清洗检测,也没有发现异样。重新装复变速器后,试车并进行离合器自适应匹配,一切正常后再次交车。

【故障原因】

能够导致摩擦片烧损的原因有以下几种。

1. 离合器供油压力不足(阀体)。

2. 从压力源(阀体)至终端元件(离合器)之间的油路存在泄漏情况(吸气泵的密封性及供油导管的密封性差)。

3. 离合器本身问题（活塞密封性差）。

4. 变速器润滑油质量问题。

5. 离合器经常处于高温状态等。

本车主要是由于离合器活塞有磨损泄漏，造成密封不良、油压不足，导致摩擦片磨损烧蚀。更换离合器总成后，故障现象消除。

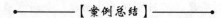

【案例总结】

在排除自动变速器故障时，先要用故障诊断仪读取故障码，根据故障码分析形成原理，在原理的基础上推理产生的原因，围绕原因最终找出故障点。

CVT 是什么意思？与它相对的是什么类型的变速器？CVT 有什么优缺点？

实训项目六 — 液力变矩器与油泵

任务一 液力变矩器与油泵认知

课时：_____

班级：	组别：	姓名：	掌握程度：□优　□良　□及格 □不及格

一、工作任务

1. 液力变矩器及油泵的认知；掌握液力变矩器保养标准。

2. 加强职业创新意识，实践自主创新的大国工匠精神。

二、原理与应用

（1）液力变矩器工作原理。如图6-1所示，左边A为主动风扇，右边B为从动风扇，只要给左边的风扇以动力（通电）使之转动，右边的风扇也随着旋转，两风扇之间并无机械连接，动力是通过_____传递的。液力变矩器的工作与此极为类似，不同之处只是将_____换成

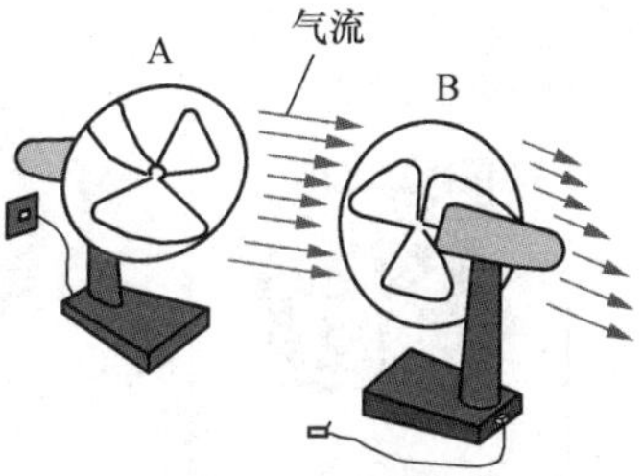

_____。

图 6-1　液力变矩器原理图

（2）写出图6-2所示液力变矩器各零部件的名称。

图 6-2　液力变矩器分解图

1为_____；2为_____；3为_____；4为_____；

5为_____；6为_____；7为_____；8为_____。

（3）观察图6-3所示的导轮滚柱式单向离合器，根据图6-4所示内容完成下面的填空。

图6-4（a）所示为单向离合器_____（锁止、解锁）状态；图6-4（b）所示为单向离合器_____（锁止、解锁）状态。

图 6-3　液力变矩器中的导轮滚柱式单向离合器

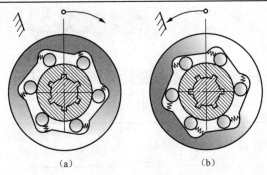

（a） （b）

图6-4　导轮滚柱式单向离合器工作原理

（4）根据图6-5和图6-6所示内容写出不同行驶状况下液力变矩器的工作原理。

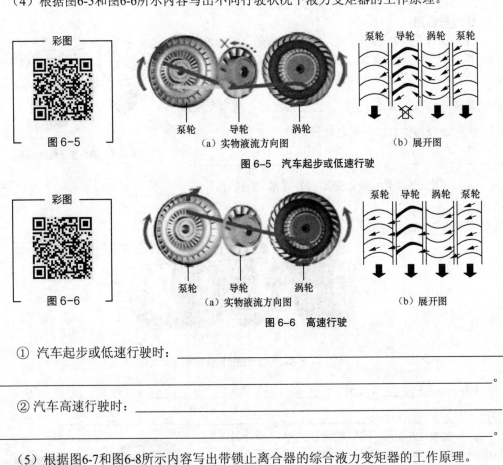

彩图

图 6-5

泵轮　导轮　涡轮　泵轮

泵轮　　导轮　　涡轮
（a）实物液流方向图

（b）展开图

图6-5　汽车起步或低速行驶

彩图

图 6-6

泵轮　导轮　涡轮　泵轮

泵轮　　导轮　　涡轮
（a）实物液流方向图

（b）展开图

图6-6　高速行驶

① 汽车起步或低速行驶时：＿＿＿＿＿＿＿＿＿＿＿＿＿＿＿＿＿＿＿＿＿＿＿

＿＿＿＿＿＿＿＿＿＿＿＿＿＿＿＿＿＿＿＿＿＿＿＿＿＿＿＿＿＿＿＿＿＿＿＿。

② 汽车高速行驶时：＿＿＿＿＿＿＿＿＿＿＿＿＿＿＿＿＿＿＿＿＿＿＿＿＿＿＿

＿＿＿＿＿＿＿＿＿＿＿＿＿＿＿＿＿＿＿＿＿＿＿＿＿＿＿＿＿＿＿＿＿＿＿＿。

（5）根据图6-7和图6-8所示内容写出带锁止离合器的综合液力变矩器的工作原理。

＿＿＿＿＿＿＿＿＿＿＿＿＿＿＿＿＿＿＿＿＿＿＿＿＿＿＿＿＿＿＿＿＿＿＿＿＿

＿＿＿＿＿＿＿＿＿＿＿＿＿＿＿＿＿＿＿＿＿＿＿＿＿＿＿＿＿＿＿＿＿＿＿＿＿

＿＿＿＿＿＿＿＿＿＿＿＿＿＿＿＿＿＿＿＿＿＿＿＿＿＿＿＿＿＿＿＿＿＿＿＿＿

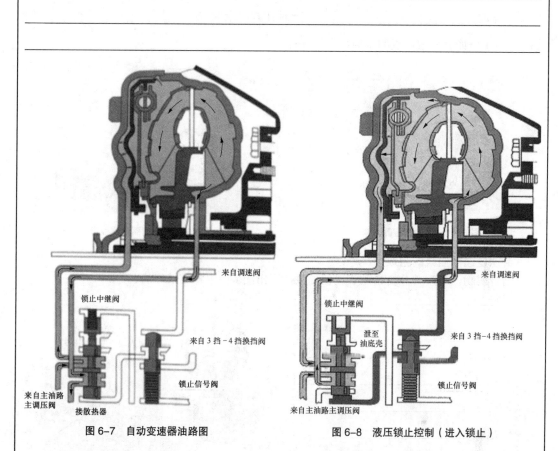

图 6-7 自动变速器油路图　　　　图 6-8 液压锁止控制（进入锁止）

三、液力变矩器保养与检测

（1）检查液力变矩器外部有无＿＿＿＿＿＿＿＿＿＿＿＿＿，轴套外径有无磨损，驱动油泵的轴套缺口有无＿＿＿＿＿＿＿＿＿＿＿，如图6-9所示。如有异常，应更换＿＿＿＿＿＿＿＿＿＿＿＿＿。

（2）将液力变矩器安装在飞轮上，用千分表检查液力变矩器轴套＿＿＿＿＿＿＿＿＿＿＿，如图6-10所示。如果在飞轮转动一周的过程中，千分表指针偏摆大于＿＿＿＿mm，应采用＿＿＿＿＿＿＿＿＿方法予以校正。若无法校正，应更换＿＿＿＿＿＿＿＿＿＿＿＿。

图 6-9 液力变矩器

（3）检查单向离合器：将专用工具插入液力变矩器中；再将单向离合器外座圈固定器插

入液力变矩器中，并卡在轴套上_____，转动驱动杆。在逆时针方向上单向离合器应_____，顺时针方向上应能_____，如图6-11所示。如有异常，说明单向离合器损坏，应更换_____。

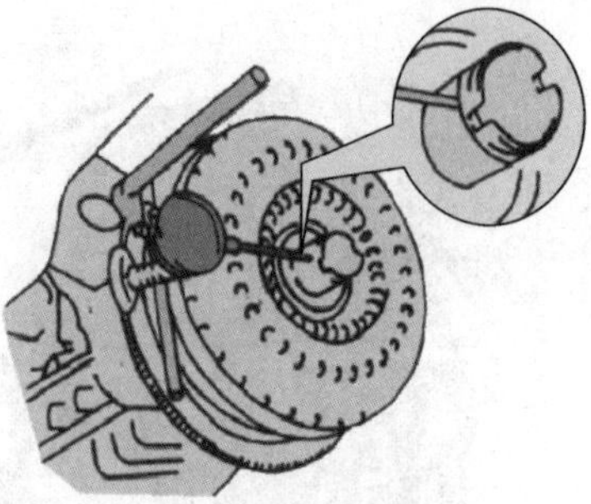

图 6-10　液力变矩器轴套

图 6-11　单向离合器检查

四、自动变速器油泵的组成

结合实物，观察并分析自动变速器油泵，写出图6-12中各零部件的名称。

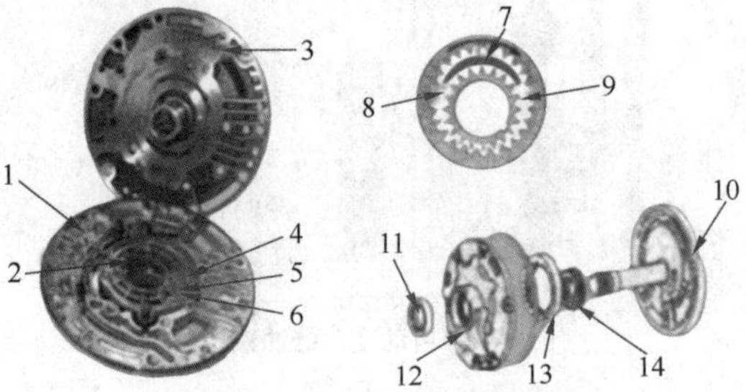

1为_____；

2为_____；

3为_____；

4为_____；

5为_____；

6为_____；

7为_____；

8为_____；

图 6-12　自动变速器油泵分解图

9为_____；　　10为_____；

11为_____；　　12为_____；

13为_____；　　14为_____。

五、油泵的检测

"三隙五测"：测量被动齿与泵体的间隙（外围间隙），最大不超过_____，否则应更换泵体总成，如图6-13（a）所示；测量被动齿轮轮齿与泵体半月形部分之间的间隙（内围间隙），最大不超过_____，否则应更换泵体总成，如图6-13（b）所示；测量齿壳平面的端隙，最大不超过_____，否则应更换泵体总成，如图6-13（c）所示。

（a）外围间隙测量

（b）内围间隙测量

（c）齿壳平面端隙测量

图6-13 自动变速器油泵间隙测量

········· ❑ 案例分享 ❑ ·········

●————【故障现象】————●

一辆2005年的大众速腾轿车，出现在30～50km/h时加速不良，车速上升缓慢，过了低速区后加速良好的故障，初步怀疑是液力变矩器内支撑导轮的单向离合器打滑引起的。

●————【故障诊断】————●

为验证上述假设，维修人员起动车辆进行热车后，将4个车轮用三角木塞住，拉紧驻车制动器，左脚踩住制动踏板，挂入D挡，眼睛盯住发动机转速表，右脚踩加速踏板，发现发动机的失速转速明显低于规定值，说明液力变矩器内支撑导轮的单向离合器打滑。

●————【故障排除】————●

征得客户同意后，更换液力变矩器总成，然后试车，排除故障。

●————【故障原因】————●

液力变矩器低速增扭，靠的是导轮改变液流方向，液力变矩器内支撑导轮的单向离合器打滑后，导轮没有了单向离合器的支撑，在增扭工况时无法改变液流的方向。这样经导轮返回的液流流向和泵轮旋转方向相反，发动机需克服反向液流带来的附加载荷，于是液力变矩器变成了液力耦合器，低速增扭变成了低速降扭，所以汽车在低速区（液力变矩器增加扭矩工况区域）加速不良。

●————【案例总结】————●

液力变矩器工作状况好坏直接影响发动机动力的传递，以及车辆的工作性能。液力变矩器本身是一个密封件，需要有专业的维修设备对其进行解体检修，而一般的维修店不具备维修条件，给维修带来不便。为此，要确保液力变矩器可靠地工作，应做好日常维护和保养工作，必要时，应去专业维修店进行检修。

思考题

1. 选购液力变矩器时，需要注意哪些参数？
2. 液力变矩器为什么打滑？

任务二 液力变矩器检测与更换

课时：_____

班级：		组别：		姓名：		掌握程度：□优　□良　□及格 □不及格

实训目的	根据"任务二"的需求，能够正确、规范地进行液力变矩器的检测与更换。
安全注意事项	注意个人及设备安全，规范操作。
实训器材	整车（如大众朗逸）、棉纱手套、整车防护七件套、工具车、世达工具、千分表、液压千斤顶、直尺、游标卡尺、自动变速器油等。
教学组织	每个工位按6位学员（组长1人、主修1人、辅修1人、观察员1人、评分1人、质检1人）作业，循环操作。
操作步骤演示	微课 液力变矩器检测 与更换

任务	作业记录内容　☑正确　☒错误
前期准备	□ 1. 护具——棉纱手套、工具车、整车防护七件套（前翼子板垫/左右翼子板垫/脚垫/转向盘套/座椅套/变速器操作杆套等），如图6-14～图6-17所示。（注①） 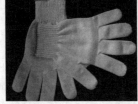   □图6-14　棉纱手套　　□图6-15　工具车　　□图6-16　车外三件套 □ 2. 工具、耗材——整车、世达工具（见图6-18）、千分表（见图6-19）、液压千斤顶（见图6-20）、直尺、游标卡尺、自动变速器油等。

注①：准备工作一定要注意四到位。1. 防护到位；2. 工具到位；3. 设备到位；4. 耗材到位。

前期准备	转向盘套　座椅套　变速器操作杆套　脚垫 □图6-17　车内四件套　□图6-18　世达工具　□图6-19　千分表　□图6-20　液压千斤顶
安全检查	□检查车辆驻车制动器是否制动及变速杆是否处于空挡。 □举升车辆前，检查实训台架及检查周围安全。 □举升车辆至10～20cm时，检查举升机支点位置。 □举升车辆时，检查举升过程有无异常和异响。（注②）
防护工作	防护工作的操作步骤如图6-21～图6-23所示。 □图6-21　人身防护　　□图6-22　车身防护　　□图6-23　车内防护
操作流程	**步骤一　自动变速器的拆卸** □1. 在拆卸前驱自动变速器时，应先拆除变速器上方的相关部件，以防遮挡，如拆下蓄电池、空气滤清器和进气管等，如图6-24所示。（注③） □2. 拆下变速器上的挡位拉线，拔下自动变速器上的所有线束连接器，如图6-25所示。 □图6-24　拆卸蓄电池、空气滤清器和进气管　　□图6-25　拆卸挡位拉线和线束连接器 □3. 举升车辆，拆卸左、右前轮和传动轴（见图6-26）等。 □4. 拆去排气管中段，拆除自动变速器下方的护罩、护板、固定螺栓等，如图6-27和图6-28所示。

注②：举升过程中有异常或异响，应立即停止当前作业并及时和老师联系，不得擅自处理。
注③：不同车型的自动变速器的拆卸方法有所不同，一般情况下先关闭汽车的点火开关，再拆下蓄电池搭铁线，放掉自动变速器内的液压油。

□图 6-26　传动轴

□图 6-27　拆卸护板

□图 6-28　拆卸发动机与
自动变速器的固定螺栓

□ 5. 拆下飞轮壳盖板，转动曲轴，依次拆下飞轮与液力变矩器的连接螺栓。

□ 6. 拆下自动变速器与车架的连接支架，用千斤顶托住自动变速器，如图6-29所示。拆下自动变速器与飞轮壳的连接螺栓，将液力变矩器和自动变速器一同拆下，如图6-30所示。在取下自动变速器时，应扶住液力变矩器以防滑落。（注④）

操作流程

□图 6-29　托住自动变速器

□图 6-30　取下液力变矩器与自动变速器

□ 7. 液力变矩器的清洗。在自动变速器中取出液力变矩器，如图6-31所示，倒出液力变矩器中残留的自动变速器油（ATF），如图6-32所示；向液力变矩器内加入2L干净的ATF，摇动液力变矩器，以清洗其内部，然后将ATF倒出；再次加入2L干净的ATF，清洗后倒出。

□图 6-31　取出液力变矩器

□图 6-32　倒出残留的 ATF

步骤二　液力变矩器检测与安装

□ 1. 外观检查。检查液力变矩器外部有无损坏、裂纹、漏油，轴套外径有无磨损，驱动油泵的轴套缺口有无损伤，如图6-33所示。

注④：若将自动变速器与液力变矩器分开拆，液力变矩器里面的油液会流出来，所以一般都是一起拆装。

	□ 2．径向圆跳动检查。用千分表检查液力变矩器轴套的径向圆跳动，如图6-34所示。转动飞轮一周，千分表的指针偏摆应小于0.03mm；否则换一个角度重新安装再进行测量。如果径向圆跳动不能调整到允许范围内，应该更换液力变矩器。

 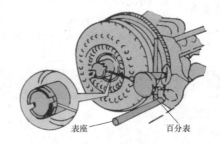

□图 6-33　液力变矩器　　　　□图 6-34　测量液力变矩器轴套径向圆跳动

□ 3．用专用工具（注⑤）插入液力变矩器，转动单向离合器内座圈，检查单向离合器是否良好，顺时针转动时应能自由转动，逆时针转动时应锁止。

□ 4．将前油泵主动齿轮的键设置到顶部并在壳体上做标记。

□ 5．在液力变矩器外壳上标出与油泵主动齿轮相啮合的部位（见图6-35），便于安装时对准油泵主动齿轮的键。

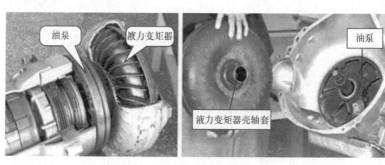

□图 6-35　液力变矩器、油泵位置图

□ 6．对准标记进行安装，确保花键、油泵驱动部分安装到位，如图6-36所示。

□ 7．用直尺和游标卡尺测量液力变矩器到外壳的距离是否符合标准，如图6-37所示。

□图 6-36　安装液力变矩器　　　　□图 6-37　测量液力变矩器至外壳的距离

左栏：操作流程

注⑤：对于专用工具，教师可以预先制作。

仪器使用	□工具/量具选用是否正确　　□工具/量具使用是否正确　　□工具/量具摆放是否整齐
注意事项	1. 正确使用千分表和液力变矩器专用工具。 2. 检查单向离合器时应根据维修资料确定其能转动的方向。 3. 清洗液力变矩器时主要应检查自动变速器油的颜色有无异常、味道有无焦味、油中有无杂质。 4. 液力变矩器从车上拆下时应和变速器输入轴一起取下，以防损伤驱动油泵的轴套。
检查与评估	
6S管理规范 （教师点评）	□整理　□整顿　□清扫　□清洁　□素养　□安全
成绩评定 （学生总结）	小组对本人的评定：□优 □良 □及格 □不及格 学生本次任务成绩：□优 □良 □及格 □不及格

专业考核评分表——液力变矩器检测与更换

班级：		组别：	组长：		日期：	

技术标准： 1. 液力变矩器拆装规范及顺序要求； 2. 液力变矩器检测项目要求

序号	作业项目	考核内容	考核标准	分值	扣分	得分
1	准备环节	正确选用工具/量具	选错1次扣1分	5		
2		正确做好防护	少做1项扣1分	5		
3		正确做好安全检查	漏掉1项扣1分	5		
4	拆卸环节	拆卸变速器上方遮挡部件	不按顺序1次扣1分	5		
5		拆卸挡位拉线及线束连接器	拔坏不得分	5		
6		拆卸前轮与传动轴	不按要求1次扣2分	5		
7		拆卸变速器下方遮挡部件	不按要求1次扣2分	5		
8		拆卸飞轮及液力变矩器	不按规定摆放扣3分	8		
9		拆卸连接支架与自动变速器	不按要求拆卸1次扣1分	5		
10		清洗液力变矩器	不按要求冲洗不得分	5		
11	检测环节	检查外观	少检查1处扣1分	4		
12		检查径向圆跳动	测量不正确不得分	5		
13		检查单向离合器	方式错误扣3分	5		
14	安装环节	在外壳上做好标记	少标1处扣1分，不标不得分	5		
15		标出待啮合位置	漏掉1处扣1分，不标不得分	5		
16		安装到位	未安装到位扣5分	5		
17		检验配合间隙	读数错误扣4分，忘记测量不得分	8		
18		实训时间	≤25min 10分 25～27min 5分 ≥27min 0分	10		

质检员：		评分员：		合计得分	

教师点评：

团队合作： 优秀□ 良好□ 及格□ 不及格□ **分工明确：** 优秀□ 良好□ 及格□ 不及格□
专业标准： 优秀□ 良好□ 及格□ 不及格□ **操作规范：** 优秀□ 良好□ 及格□ 不及格□

教师签字： 年 月 日

注：实训未按规范操作，导致设备损坏或人身伤害，本次考核记0分。

实训项目七 —— 行星齿轮机构与换挡元件

任务 行星齿轮机构与换挡元件认知

课时：_____

班级：	组别：	姓名：	掌握程度：□优 □良 □及格 □不及格

一、工作任务

1. 能熟悉行星齿轮机构及换挡执行元件。

2. 培养全方位思考、辩证思维，综合分析问题、解决问题能力。

二、原理与应用

1. 行星齿轮机构认知

根据图7-1所示内容，写出各数字代表的零部件名称。

1是_____；

2是_____；

3是_____；

4是_____。

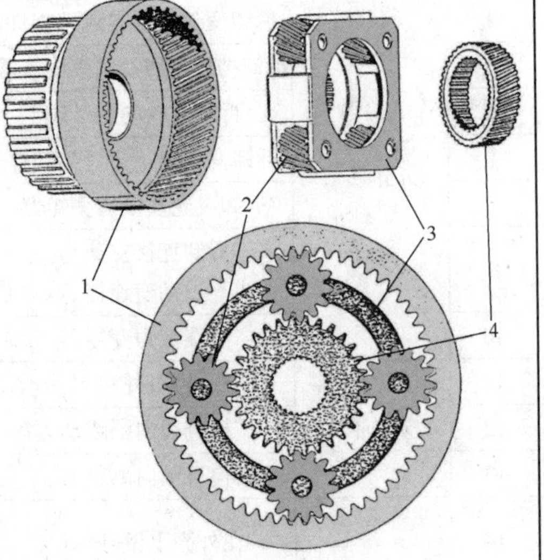

图 7-1 行星齿轮机构

2. 行星齿轮机构工作原理（假设主动轴顺时针转动）

（1）锁定内齿圈后，行星齿轮机构可以有两种传动方式。

① 太阳轮主动、行星齿轮架从动：_____挡，输出轴为_____转，如图7-2（a）所示。

② 行星齿轮架主动、太阳轮从动：_____挡，输出轴为_____转，如图7-2（b）所示。

彩图

图 7-2

（a）太阳轮主动　　　　　（b）行星齿轮架主动

图 7-2 锁定内齿圈时行星齿轮运动状态

（2）锁定太阳轮后，行星齿轮机构可以有两种传动方式。

① 内齿圈主动、行星齿轮架从动：_____挡，输出轴为_____转，如图7-3（a）所示。

② 行星齿轮架主动、内齿圈从动：_____挡，输出轴为_____转，如图7-3（b）所示。

（a）内齿圈主动　　　　（b）行星齿轮架

图7-3　锁定太阳轮时行星齿轮运动状态

彩图

图7-3

（3）锁定行星齿轮架后，行星齿轮机构可以有两种传动方式。

① 太阳轮主动、内齿圈从动：_____挡，输出轴为_____转，如图7-4（a）所示。

② 内齿圈主动、太阳轮从动：_____挡，输出轴为_____转，如图7-4（b）所示。

彩图

图7-4

3．换挡执行元件——离合器认知

（1）根据图7-5所示内容，写出各数字代表的零部件名称和作用。

（a）太阳轮主动　　　　（b）内齿圈主动

图7-4　锁定行星齿轮架时行星齿轮运动状态

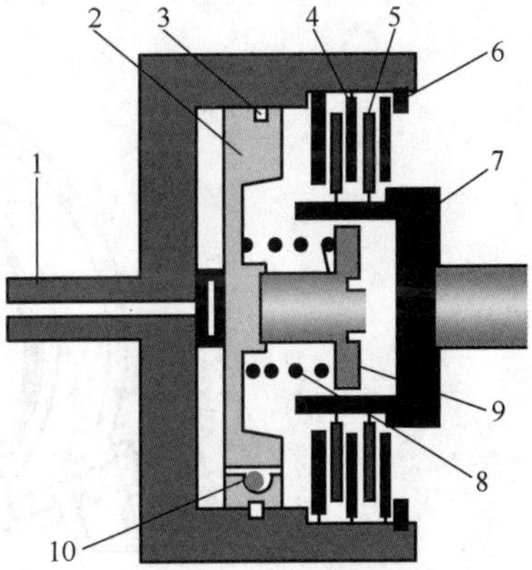

图7-5　离合器

1是_____，作用：_____。

2是_____，作用：_____。

3是_____，作用：_____。

4是_____，作用：_____。

5是_____，作用：_____。

6是_____，作用：_____。

7是_____，作用：_____。

8是_____，作用：_____。

9是_____，作用：_____。

10是_____，作用：_____。

（2）写出图7-6所示各零部件的组装顺序（在空格中填写数字）。

按_____→_____→_____→_____→_____→_____→_____→_____→_____→

_____顺序组装。

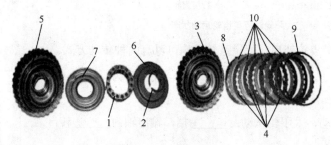

图 7-6　离合器分解图

4．换挡执行元件——制动器认知

　　根据图7-7所示内容，写出各数字代表的零部件名称和作用。

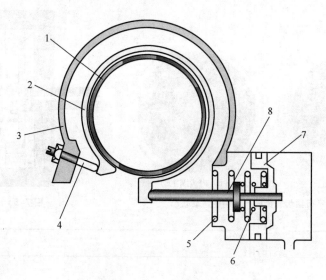

图7-7　自动变速器制动器

1是_____，作用：_____。

2是_____，作用：_____。

3是_____，作用：_____。

4是_____，作用：_____。

5是_____，作用：_____。

6是_____，作用：_____。

7是_____，作用：_____。

8是_____，作用：_____。

▫ 案例分享 ▫

● —— 【故障现象】 ——

一辆丰田佳美 3.0 轿车，装用 A540E 自动变速器，行驶里程为 12.7 万千米。该车因倒挡制动器摩擦片烧蚀，无倒挡，在某维修厂进行大修后，倒挡正常，但又出现了变速杆置于 D 挡和二挡时不走车的故障。

● —— 【故障诊断】 ——

因该车在维修前无倒挡但有前进挡，经维修后故障恰好相反，出现了有倒挡而无前进挡的故障，因此可判定故障出在变速器内部，即换挡执行元件与传动机构装配错误。维修人员与车主沟通并征得同意后，对变速器进行拆解检查，发现 2 号单向离合器的方向装反了（光面应朝前装配）。

● —— 【故障排除】 ——

将 2 号单向离合器重新安装好，故障排除。

● —— 【故障原因】 ——

本例故障由于是之前维修后出现的新问题，那么有很大的可能是因为之前的维修装配环节出了问题。所以就需要对变速器整个装配流程进行检查。

● —— 【案例总结】 ——

变速器离合器打滑是比较严重的故障，带故障行驶会引起许多连带故障，会造成更严重的后果。

思考题

如何正确安装变速器？

实训项目八 ——— 辛普森式行星齿轮机构

任务一 辛普森式行星齿轮机构认知

课时：_____

班级：	组别：	姓名：	掌握程度：□优 □良 □及格 □不及格

一、工作任务

1. 辛普森式行星齿轮机构认知；能熟练拆装辛普森式行星齿轮机构及换挡执行元件。
2. 培养较强的法律、安全、质量、效率及环保意识，具备严谨的工程技术思维和工匠精神。

二、原理与应用

1. 结构

（1）在图8-1中标出输入轴及输出轴；图8-1所示的双点画线的左边是_____，右边是_____。

图 8-1 辛普森式行星齿轮机构

（2）结合实物，写出图8-2所示的A341E型辛普森式自动变速器各零部件的名称。

1为_____；2为_____；3为_____；4为_____；

5为_____；6为_____；C_0为_____；B_0为_____；

F_0为_____；C_1为_____；C_2为_____；B_1为_____；

B_2为_____；B_3为_____；F_1为_____；F_2为_____。

辛普森式自动变速器的结构特点：_____；

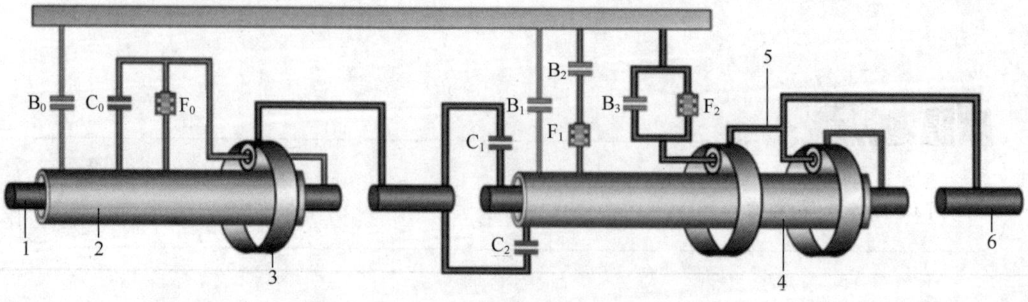

_____。

B_0 C_0 F_0 B_2 B_1 F_1 B_3 F_2 5

C_1 C_2

1 2 3 4 6

图 8-2 A341E 型辛普森式自动变速器结构简图

2. 动力传递路线

根据图8-2，写出各挡位动力传递路线。

（1）前进一挡（C_0、C_1、F_0、F_2工作）动力传递路线：_____ → _____ → _____

_____ → _____ → _____ → _____ → _____ → _____ →

_____ → _____ → _____ →_____ 。

（2）前进二挡（C_0、C_1、F_0、F_1工作）动力传递路线：_____ → _____ → _____

_____ → _____ → _____ → _____ → _____ → _____ →

_____ → _____ → _____ 。

（3）倒挡（C_0、F_0、C_2、B_3工作）动力传递路线：_____ → _____ → _____ →

_____ → _____ → _____ → _____ → _____ → _____ →

_____ → _____ → _____ 。

······················· □ 案例分享 □ ·······················

———————【故障现象】———————

一辆行驶里程约 6.9 万千米，配置 1AZ-FE 型发动机和 U241E 型自动变速器的丰田 RAV4 汽车，用户反映该车行驶时发动机故障灯点亮，自动变速器换挡不正常。

———————【故障诊断】———————

1. 使用故障诊断仪对发动机系统进行自诊断，发现有一个故障码 P0050，内容为车速传感器故障。

2. 清除故障码，试车，故障依然存在。观察发动机系统的数据流，车速数据始终为 0。但仪表板的车速表是正常的，说明车速表之前的车速信号良好，故障点应该在仪表板之后的车速信号电路中。

3. 检查线路，发现音响被改装过。拆下加装的音响，发现原车音响的车速信号线接到了加装的音响上。用示波器测量仪表板的车速输入信号线和车速输出信号线的波形，结果车速输入信号线的波形正常，车速输出信号线的波形缺失，说明仪表板损坏。

———————【故障排除】———————

拆除加装的音响，更换仪表板，故障彻底排除。

———————【故障原因】———————

车速信号的传输过程如下：防滑系统控制单元接收来自车速传感器的信号，并将该信号转换为脉冲信号，然后发送给仪表板。仪表板经过处理后，继续将脉冲车速信号发送给发动机控制单元、自动变速器控制单元、车身控制单元和音响。

本案例故障原因是改装音响时接线错误，造成仪表板损坏。发动机和自动变速器控制单元收不到仪表板的车速信号，结果发动机故障灯点亮，自动变速器换挡控制功能受到影响。

━━━━━━━━●━━【案例总结】━━●━━━━━━━━

　　本案例维修过程中，首先应判断是自动变速器机械传动部分故障还是电控部分故障导致的。而解决问题的关键在于熟练运用波形图诊断故障，如果不运用波形图，在维修过程中可能会走很多弯路。

　　在查找故障时，我们应该从基本原理、基本结构着手，熟练运用波形图变化确定故障部位，并给予排除，从而提高顾客满意度。

查询辛普森式行星齿轮改进型机构的特点。

任务二　辛普森式行星齿轮机构拆装

课时：_____

班级：		组别：		姓名：	掌握程度：□优　□良　□及格 □不及格
实训目的		1．清楚辛普森式行星齿轮机构的原理、拆装流程、拆卸注意事项；2．掌握丰田变速器的结构特点。			
安全注意事项		注意个人及车辆安全，规范操作，工具、零配件摆放整齐，做到三不落地（工具不落地，零件不落地，油水不落地）。			
实训器材		辛普森式自动变速器、棉纱手套、工具车、零件台、世达工具、测量工具等。			
教学组织		每个工位按6位学员（组长1人、主修1人、辅修1人、观察员1人、评分1人、质检1人）作业，循环操作。			
操作步骤演示		微课 辛普森式行星齿轮机构拆装（上） 微课 辛普森式行星齿轮机构拆装（下）			

任务	作业记录内容 ☑正确 ☒错误
前期准备	□1．护具——棉纱手套、工具车、零件台等，如图8-3～图8-5所示。（注①） □2．工具与耗材——世达工具（见图8-6）、辛普森式自动变速器（见图8-7）、测量工具等。 □图8-3　棉纱手套　　□图8-4　工具车　　□图8-5　零件台

注①：准备工作一定要注意四到位。1．防护到位；2．工具到位；3．设备到位；4．耗材到位。

前期准备	 □图8-6　世达工具 　　　□图8-7　辛普森式自动变速器
安全检查	□6S安全检查及实训台架周围安全检查。
防护工作	防护工作如图8-8所示。  □图8-8　人身防护
操作流程	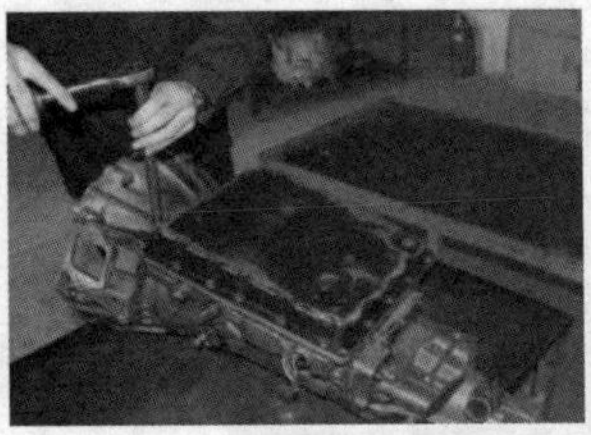 □1. 将＿＿＿＿＿＿＿＿＿放彻底。拆下自动变速器壳体上的所有零部件，如＿＿＿＿ ＿＿＿＿＿＿＿＿＿＿、＿＿＿＿＿＿＿传感器等，如图8-9所示。（注②） □2. 侧放自动变速器，用＿＿＿＿＿＿、长接杆和＿＿＿＿＿＿拧下油底壳螺 栓，拆下油底壳，取下油底壳＿＿＿＿＿＿，如图8-10所示。 □3. 小心拆下连接在阀板上的所有线束插头，如图8-11所示。用螺钉旋具小心 地把＿＿＿＿＿＿＿撬起并取下。 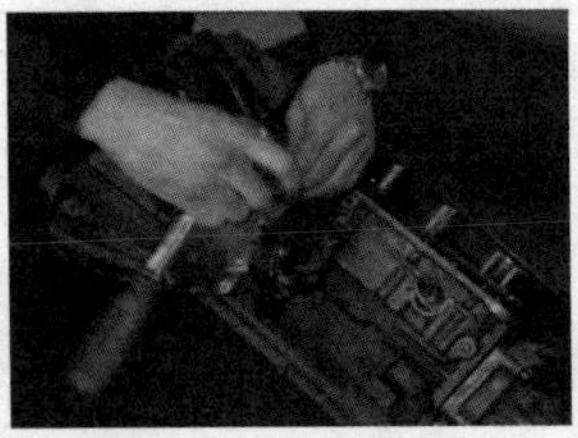 □图8-9　拆卸变速器　　□图8-10　拆卸油底壳 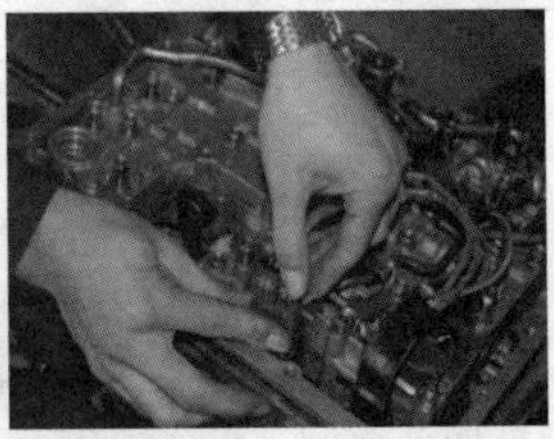　　□图8-11　拔下阀板上的线束 　　　　壳体上的零部件　　　　　　　　　　　　　　　　　插头 □4. 用＿＿＿＿＿＿＿套筒松开滤网与阀体之间的固定螺栓，从阀体上取下 ＿＿＿＿＿＿＿＿＿＿＿＿，如图8-12所示。

注②：先拆卸变速器外围的辅助设备。

□ 5. 拆下阀板与自动变速器壳体之间的连接螺栓，如图8-13所示，取下_____

_____，如图8-14所示。

| □ 图 8-12 拆卸滤网 | □ 图 8-13 拆卸阀板螺栓 | □ 图 8-14 取下阀板 |

□ 6. 拆下手控阀与_____相连的连杆。

□ 7. 用_____与弯杆、_____套筒拧下变矩器壳体的固定螺栓，

如图8-15所示，取下变矩器壳体，用顶丝拆下_____，如图8-16所示，并

在拆下油泵前做好记号。

□ 8. 松开_____制动器的调整螺钉，取下制动带及_____离合器。

□ 9. 取下自动变速器输入轴及高速挡离合器组件，如图8-17所示。取出_____

_____，如图8-18所示。取下前排_____。

| □ 图 8-15 拆卸变矩器壳体螺栓 | □ 图 8-16 取出油泵 | □ 图 8-17 取出输入轴 |

□ 10. 取下后排_____，取下输出轴卡环，取下前排_____、

后排_____的总成。（注③）

□ 11. 取下后排_____及单向离合器总成，如图8-19所示。取下超速

挡离合器轮毂，取下_____离合器轮毂。

| □ 图 8-18 取出太阳轮 | □ 图 8-19 取出单向离合器 |

注③：取出的配件必须按6S管理要求摆放。

操作流程	□ 12. 取下＿＿＿＿＿＿制动器的卡环，如图8-20所示，再取下低/倒挡制动器的＿＿＿＿＿＿与摩擦片。 □ 13. 松开＿＿＿＿＿＿的固定螺栓，取下后端盖，如图8-21所示。再取下＿＿＿＿＿＿，自动变速器分解完毕，如图8-22所示。  □图8-20 取出卡环 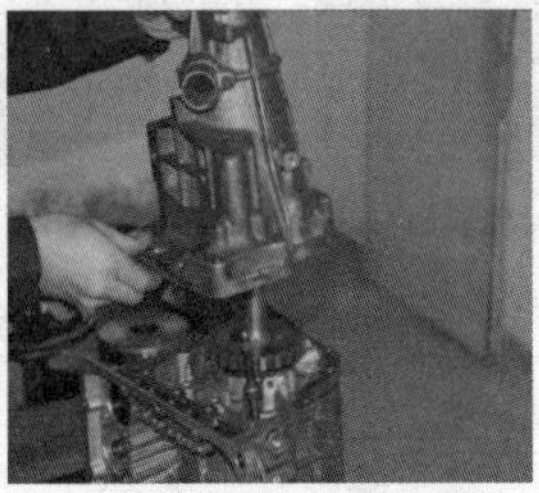　　　□图8-21 拆卸后端盖 　　　□图8-22 自动变速器分解 □ 14. 按与拆卸相反的顺序安装辛普森式自动变速器。安装过程中，测量配合间隙，确保装配正确。
仪器使用	□工具/量具选用是否正确　　□工具/量具使用是否正确　　□工具/量具摆放是否整齐
注意事项	1. 自动变速器油应放干净。 2. 工具选择应准确。 3. 拆装元件操作应规范。 4. 熟悉各元件名称及作用。 5. 拆装时不要损坏元件。
检查与评估	
6S管理规范 （教师点评）	□整理　　□整顿　　□清扫　　□清洁　　□素养　　□安全
成绩评定 （学生总结）	小组对本人的评定：□优　　□良　　□及格　　□不及格 学生本次任务成绩：□优　　□良　　□及格　　□不及格

专业考核评分表——辛普森式行星齿轮机构拆装

班级：	组别：		组长：		日期：	

技术标准：1. 辛普森式行星齿轮机构拆装规范及顺序；2. 对齿轮机构做标记及检查

序号	作业项目	考核内容	考核标准	分值	扣分	得分
1	准备环节	正确选用工具/量具	选错1次扣1分	5		
2		正确做好防护	少做1项扣1分	4		
3		正确做好安全检查	漏掉1项扣1分	4		
4	拆卸环节	放油及拆卸附件	漏油过多扣2分	5		
5		拆卸油底壳	不按规定存放零件扣2分	2		
6		拆卸阀板线束	损坏插头不得分	2		
7		拆卸滤网	不按规定摆放扣1分	2		
8		拆卸阀板	不按对角顺序拆螺栓扣2分	4		
9		拆卸手控阀连杆	不按顺序操作扣1分	4		
10		拆卸变矩器壳体	不按顺序操作扣1分	4		
11		拆卸制动带及单向离合器	未能1次拆卸扣3分	5		
12		拆卸离合器组件	未能1次拆卸扣3分	10		
13		拆卸前、后排轴总成	未能1次拆卸扣3分	10		
14		拆卸离合器轮毂	未能1次拆卸扣3分	10		
15		拆卸摩擦片	不按顺序扣2分	2		
16		拆卸后端盖	不按规定摆放扣1分	2		
17	安装环节	按拆卸倒序安装	不按顺序安装不得分	5		
18		测量配合间隙	读数错误不得分	5		
19		检查是否装配正确	不检查不得分	5		
20	实训时间		≤30min 10分 30～35min 5分 ≥35min 0分	10		
质检员：		评分员：		合计得分		

教师点评：

团队合作：优秀□ 良好□ 及格□ 不及格□　　　　**分工明确**：优秀□ 良好□ 及格□ 不及格□

专业标准：优秀□ 良好□ 及格□ 不及格□　　　　**操作规范**：优秀□ 良好□ 及格□ 不及格□

教师签字：　　　　　　　　　　　　　　　　　　　　年　　月　　日

注：实训未按规范操作，导致设备损坏或人身伤害，本次考核记0分。

实训项目九 — 拉维娜式行星齿轮机构

任务一 拉维娜式行星齿轮机构认知

课时：＿＿＿＿＿＿

班级：	组别：	姓名：	掌握程度：□优 □良 □及格 □不及格

一、工作任务

1. 拉维娜式行星齿轮机构认知；能熟练拆装拉维娜式行星齿轮机构及换挡执行元件。
2. 培养资料查阅、文献检索的能力，养成自主学习、终生学习的习惯。

二、原理与应用

1. 结构

（1）在图9-1的方框中写出零部件的名称并说出其作用。

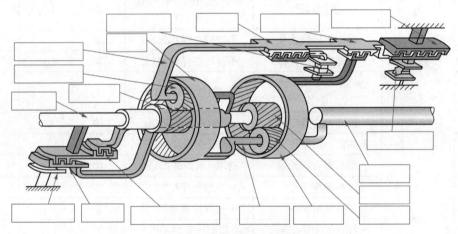

图9-1 拉维娜式行星齿轮机构

（2）图9-2所示的拉维娜式行星齿轮机构的结构特点：＿＿＿＿＿＿＿＿＿＿＿
＿＿＿＿＿＿＿＿＿＿＿＿＿＿＿＿＿＿＿＿＿＿＿＿＿＿＿＿＿＿＿＿＿＿＿。

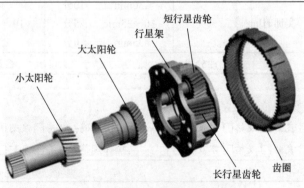

小太阳轮　大太阳轮　行星架　短行星齿轮　齿圈　长行星齿轮

图9-2 拉维娜式行星齿轮机构分解图

2. 动力传递路线

　　根据图9-1写出各挡位动力传递路线。

　　（1）前进一挡动力传递路线：_____→_____→_____→_____→_____

→_____→_____→_____→_____→_____。

　　（2）前进二挡动力传递路线：_____→_____→_____→_____→_____→

_____→_____→_____→_____。

　　（3）倒挡传递路线：_____→_____→_____→_____→_____→_____

→_____→_____→_____。

···················◻ 案例分享 ◻···················

●────【故障现象】────●

　　北京现代名图轿车，配置 2.0L 发动机、A6MF1-1 六速自动变速器。该车有加速不升挡的故障。

●────【故障诊断】────●

　　1. 使用故障诊断仪对故障车辆进行诊断，分别对自动变速器控制系统和发动机控制系统读取故障码，检测结果是系统正常。

　　2. 因此又检查自动变速器油（ATF）液面高度和油液质量，初步检测未发现异常。

　　3. 随后使用举升机适当提升车辆，在举升机上进行车辆自动变速器的测试。测试过程中确实出现了如客户描述的现象，变速杆挂入 D 挡后缓缓踩下加速踏板，随着发动机转速上升，车辆开始提速。但是当发动机转速提高到应升挡的转速后自动变速器依旧处于一挡，继续提高发动机转速，车速不能迅速提升。

●────【故障排除】────●

　　1. 根据名图六速自动变速器的结构特点，输入轴转速传感器和输出轴转速传感器安装在自动变速器内部，如果想将其拆下测量或者更换，需要先将自动变速器的油底壳和自动变速器阀体总成拆除。

　　2. 考虑到以上操作比较麻烦，操作前再次仔细考虑故障的可能。两个传感器的信号电压同时出现异常，通常不会是两个传感器同时损坏，因为两个传感器是通过排线与自动变速器插头相连接的，有可能是排线漏电导致，但是测量排线也需要将传感器拆下后才能进行，充分考虑后决定拆下自动变速器阀体总成，再拆下两个传感器与排线进行测量。

　　3. 作业过程中需要排放自动变速器内的 ATF，随着大量的 ATF 流进储液桶中，维修人员发现油液的颜色有点异常。取样部分油液仔细观察，发现油液中有水。

　　4. 因为自动变速器油液中混有水导致漏电，使流经两个转速传感器的电流被分流，脉冲编码调制设备（PCM）送出的两个转速传感器电流加大（超过 7mA 和 14mA），引起信号电压的提高。当信号电压始终高于 PCM 高、低电平转折门限电压后，PCM 无法识别转速传感器的信号（此时PCM认为信号处于高电平状态）。

5. 询问客户车辆的使用情况，是否曾经涉水。客户回想起两个月前曾经有过涉水的经历，但是当时车辆没有出现异常现象就没有在意，没想到两个月后导致不能升挡的故障。了解情况后，更换该车的ATF，故障排除。

─── 【故障原因】 ───

车辆加速不升挡的故障原因主要有以下几个。
1. 输入轴转速传感器和输出轴转速传感器自身故障。
2. 自动变速器控制模块故障。
3. 自动变速器内部两个传感器信号轮破碎。

─── 【案例总结】 ───

自动变速器一旦出现故障，车主应及时将其送修。如果出现自动变速器故障时车主并未在意继续使用车辆，最后可能会导致车辆不走车，甚至整个自动变速器报废。因此，一定要及时将其送往专业变速器维修站点进行维修，以免因小失大。

思考题

自动变速器无倒挡的原因有哪些？

任务二　拉维娜式行星齿轮机构拆装与检测

课时：＿＿＿＿＿＿＿

班级：	组别：		姓名：		掌握程度：□优　□良　□及格 □不及格
实训目的	1．掌握拉维娜式行星齿轮机构的结构、原理；2．熟悉自动变速器拆装流程； 3．熟知拆卸注意事项；4．掌握大众01M自动变速器的结构特点。				
安全注意 事项	注意个人及车辆安全，规范操作，工具、零配件摆放整齐，做到三不落地（工具不落地，零件不落地，油水不落地）。				
实训器材	01M自动变速器、棉纱手套、工具车、零件台、世达工具、气枪、垫圈、锁紧螺母等。				
教学组织	每个工位按6位学员（组长1人、主修1人、辅修1人、观察员1人、评分1人、质检1人）作业，循环操作。				
操作步骤 演示			微课 拉维娜式行星齿轮 机构拆装与检测（上） 微课 拉维娜式行星齿轮 机构拆装与检测（中） 微课 拉维娜式行星齿轮 机构拆装与检测（下）		
任务	作业记录内容　　☑正确　　☒错误				
前期准备	□1．护具——棉纱手套、工具车、零件台等，如图9-3～图9-5所示。（注①） □2．工具与耗材——世达工具（见图9-6）、01M自动变速器（见图9-7）、气枪、垫圈、锁紧螺母等。				

注①：准备工作一定要注意四到位。1．防护到位；2．工具到位；3．设备到位；4．耗材到位。

前期准备	□图9-3 棉纱手套　　□图9-4 工具车　　□图9-5 零件台 □图9-6 世达工具　　□图9-7 01M 自动变速器
安全检查	□6S安全检查及实训台架周围安全检查。
防护工作	防护工作如图9-8所示。 □图9-8 人身防护
操作流程	步骤一　自动变速器的拆卸 □1．拆下液力变矩器，如图9-9所示。 □2．用10mm的套筒按对角方向拆卸油底壳固定螺栓，取下油底壳。 □3．用10mm的套筒拆卸自动变速器滤网，取下滤网，如图9-10所示。从两边向中间拆卸带传输线的滑阀箱，取下滑阀箱，如图9-11所示。 □图9-9 取出液力变矩器　　□图9-10 拆卸滤网　　□图9-11 拆卸滑阀箱

□ 4．拆卸自动变速器油泵螺栓，如图9-12所示。

□ 5．将2个螺栓（M8）拧入自动变速器油泵螺栓孔内，将自动变速器油泵从变速器壳体中压出，如图9-13所示。

□ 6．向上提起涡轮轴，将隔离管、制动器B₂和所有离合器拔出，如图9-14所示。

| □图 9-12 拆卸油泵螺栓 | □图 9-13 取出油泵 | □图 9-14 取出各离合器 |

□ 7．制动器B_2的分解如图9-15所示，离合器K_1、K_2和K_3的分解如图9-16所示。

操作流程

□图 9-15 摩擦片及钢片

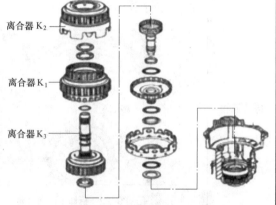

离合器 K_2
离合器 K_1
离合器 K_3

□图 9-16 离合器分解图

□ 8．将螺钉旋具穿过大太阳轮的孔，以固定行星齿轮机构（见图9-17），松开小输入轴螺栓，如图9-18所示。（注②）

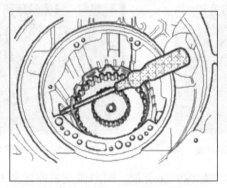

□图 9-17 固定行星齿轮机构

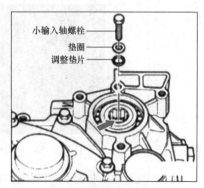

小输入轴螺栓
垫圈
调整垫片

□图 9-18 拆卸小输入轴螺栓

注②：此时的变速器不能处于空挡状态。

操作流程

□ 9. 取出小输入轴，如图9-19所示。
□ 10. 取出大输入轴，如图9-20所示。
□ 11. 取出前排大太阳轮，如图9-21所示。

□图 9-19　取出小输入轴　　　□图 9-20　取出大输入轴　　　□图 9-21　取出大太阳轮

□ 12. 拆卸自动变速器转速传感器G38，拆卸隔离管卡环a和单向离合器卡环b，用钳子夹在单向离合器的定位楔上，拉出单向离合器，如图9-22和图9-23所示。

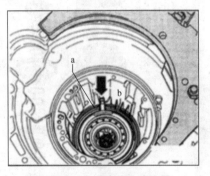

□图 9-22　拆卸单向离合器　　　　　　□图 9-23　单向离合器

□ 13. 拆卸碟形弹簧，如图9-24所示。
□ 14. 拆卸行星架，如图9-25所示。

□图 9-24　拆卸碟形弹簧　　　　　　□图 9-25　取出行星架

□ 15. 拆卸倒挡制动器B₁，如图9-26所示。倒挡制动器摩擦片与钢片位置如图9-27所示。（注③）

注③：拆卸的部件要摆放整齐，做到排列有序，以防止装错。

操作流程

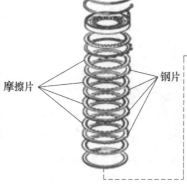
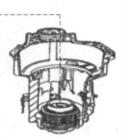

摩擦片

钢片

□图9-26　拆卸倒挡制动器　　　　　□图9-27　倒挡制动器摩擦片与钢片位置

步骤二　自动变速器部件检查与安装（注④）

□ 1．离合器、制动器安装前应检查其内部零件是否有磨损及损坏，若有应更换，如图9-28～图9-30所示。

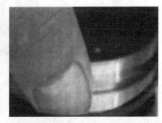

□图9-28　钢片检查　　　　　□图9-29　摩擦片检查　　　　　□图9-30　轴套检查

□ 2．清洗、吹干所有零部件并吹通所有零件上的油液孔道，如图9-31～图9-33所示。

□图9-31　摩擦片、钢片　　　　　□图9-32　离合器与输入轴

□ 3．给所有零部件表面涂少许自动变速器油。

□ 4．更换所有的O形圈、密封垫、主轴和副轴锁紧螺母及锥形弹簧垫圈、密封垫圈。

□ 5．摩擦片和钢片要按拆卸时的顺序交错排列，摩擦片和钢片原则上没有方向性，正反面都可安装，如图9-34所示。安装挡圈时，有台阶的一面应朝上，

注④：1. 先清洁，后涂自动变速器油；2. 原则上是先拆的部件后装、后拆的部件先装，但也要注意灵活运用。

操作流程	平整的一面与摩擦片接触，如图9-35所示。 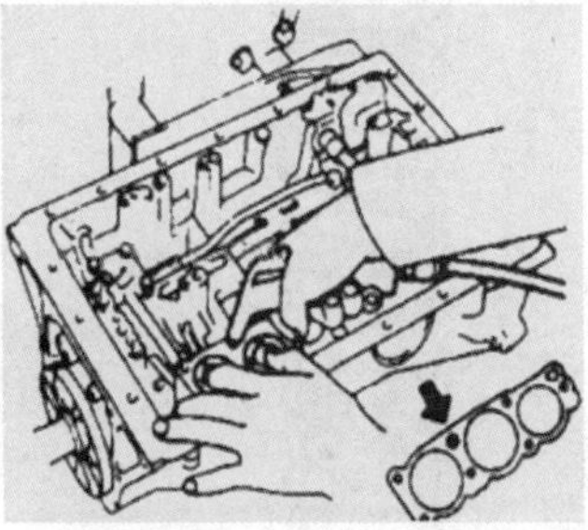 □图 9-33　吹干变速器壳内部 　　　　□图 9-34　安装摩擦片和钢片 □ 6．安装完成后，要注意检查离合器的自由间隙，如图9-36所示。  □图 9-35　安装挡圈 　　　　　　　□图 9-36　间隙检查
仪器使用	□ 工具选用是否正确　　□ 工具使用是否正确　　□ 工具摆放是否整齐
注意事项	自动变速器的组装顺序与其拆卸顺序相反，同时应注意以下问题。 1．主要螺栓的拧紧力矩：M6×1.0mm的为＿＿＿＿＿＿＿；M8×1.25mm的为＿＿＿＿＿＿＿。 2．小输入轴固定螺栓下方有垫圈和调整垫片，不要漏装。 3．各传动元件之间都有滚动轴承，还有的有垫片，不要漏装。 4．安装变速杆时应注意方法。 5．两个转速传感器插头不要装反。 6．拆装自动变速器时不允许用带毛的手套。

检查与评估	
6S管理规范 （教师点评）	□整理　　□整顿　　□清扫　　□清洁　　□素养　　□安全
成绩评定 （学生总结）	小组对本人的评定：□优　　□良　　□及格　　□不及格 学生本次任务成绩：□优　　□良　　□及格　　□不及格

专业考核评分表——拉维娜式行星齿轮机构拆装与检测

班级:		组别:		组长:		日期:		
技术标准：1. 拉维娜式行星齿轮机构拆装规范及顺序；2. 学会对齿轮机构做安装标记并检查								
序号	作业项目	考核内容	考核标准	分值	扣分	得分		
1	准备环节	正确选用工具	选错1次扣1分	4				
2		正确做好防护	少做1项扣1分	4				
3		正确做好安全检查	漏掉1项扣1分	4				
4	拆卸环节	拆卸液力变矩器	未能1次拆卸扣2分	6				
5		拆卸油底壳	不按对角顺序拆卸扣2分	5				
6		拆卸滤网及滑阀箱	不按顺序拆卸扣2分	5				
7		拆卸变速器油泵	不按规范操作扣4分	5				
8		拆卸涡轮轴	未能1次拆卸扣2分	2				
9		分解制动器B_2	未能1次拆卸扣2分	5				
10		分解3个离合器	未能1次拆卸扣2分	5				
11		拆卸小输入轴、大输入轴和前排大太阳轮	不按顺序拆卸扣2分	5				
12		拆卸单向离合器	漏拆1个附件扣1分	3				
13		拆卸碟形弹簧	不按规范操作扣1分	4				
14		拆卸行星架	不按规范操作扣1分	4				
15		拆卸倒挡制动器B_1	不按规范操作扣1分	5				
16	安装环节	清洁所有零件油道	未擦干零件不得分	4				
17		更换所有垫圈	漏换扣4分	4				
18		更换磨损部件	漏1处扣1分	5				
19		安装自动变速器	安装顺序错误不得分	5				
20		检查离合器自由间隙	读数读错扣1分，忘记检查不得分	4				
21		实训时间	≤30min　　10分 30～35min　　5分 ≥35min　　0分	10				
质检员：		评分员：			合计得分			
教师点评：								

团队合作：优秀□ 良好□ 及格□ 不及格□　　　　分工明确：优秀□ 良好□ 及格□ 不及格□

专业标准：优秀□ 良好□ 及格□ 不及格□　　　　操作规范：优秀□ 良好□ 及格□ 不及格□

教师签字：　　　　　　　　　　　　　　　　　　　年　　　月　　　日

注：实训未按规范操作，导致设备损坏或人身伤害，本次考核记0分。

实训项目十　自动变速器阀体

任务一　自动变速器阀体认知

课时：＿＿＿＿＿＿＿

班级：	组别：	姓名：	掌握程度：□优　□良　□及格 □不及格

一、工作任务

1. 认识换挡电磁阀、调压电磁阀及阀体。
2. 熟悉相关国家标准和规范，建立质量意识和成本意识。

二、原理与应用

1. 辛普森式自动变速器电子控制系统的认识

（1）写出图10-1所示的自动变速器阀体各元件的作用。

SL2的作用：＿＿＿＿＿＿＿＿＿＿＿＿＿＿＿＿＿＿＿＿＿＿＿＿＿＿＿＿＿＿＿＿；

SLU的作用：＿＿＿＿＿＿＿＿＿＿＿＿＿＿＿＿＿＿＿＿＿＿＿＿＿＿＿＿＿＿＿；

S1的作用：＿＿＿＿＿＿＿＿＿＿＿＿＿＿＿＿＿＿＿＿＿＿＿＿＿＿＿＿＿＿＿＿；

S2的作用：＿＿＿＿＿＿＿＿＿＿＿＿＿＿＿＿＿＿＿＿＿＿＿＿＿＿＿＿＿＿＿＿；

S3的作用：＿＿＿＿＿＿＿＿＿＿＿＿＿＿＿＿＿＿＿＿＿＿＿＿＿＿＿＿＿＿＿＿；

S4的作用：＿＿＿＿＿＿＿＿＿＿＿＿＿＿＿＿＿＿＿＿＿＿＿＿＿＿＿＿＿＿＿＿；

SL1的作用：＿＿＿＿＿＿＿＿＿＿＿＿＿＿＿＿＿＿＿＿＿＿＿＿＿＿＿＿＿＿＿；

SR的作用：＿＿＿＿＿＿＿＿＿＿＿＿＿＿＿＿＿＿＿＿＿＿＿＿＿＿＿＿＿＿＿＿；

SLT的作用：＿＿＿＿＿＿＿＿＿＿＿＿＿＿＿＿＿＿＿＿＿＿＿＿＿＿＿＿＿＿。

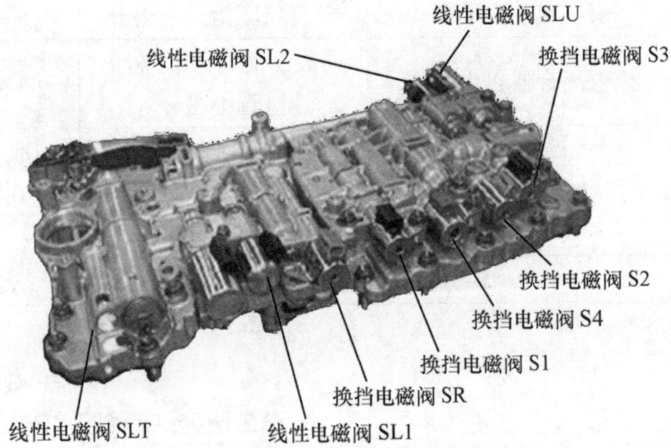

线性电磁阀SLU
换挡电磁阀S3
线性电磁阀SL2
换挡电磁阀S2
换挡电磁阀S4
换挡电磁阀S1
换挡电磁阀SR
线性电磁阀SLT
线性电磁阀SL1

图10-1　阀体各电磁阀

（2）在图10-2的方框中写出零部件的名称，并说出其作用。

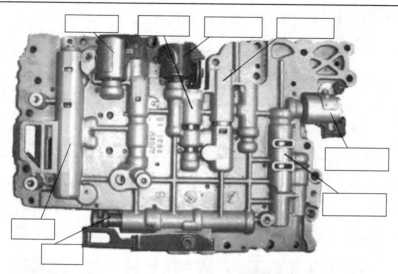

图 10-2　丰田 A341 自动变速器阀体

2. 拉维娜式自动变速器电子控制系统的认识

01M自动变速器共有8个阀，N88、N89、N90、N91、N92、N93、N94及一个手动阀。电磁阀分为两种：开关阀和渐进阀（调压阀）。开关阀有N88、N89、N90、N92、N94；渐进阀有N91、N93。

（1）写出图10-3所示各电磁阀的作用。

N88控制_____；N89控制_____；

N90控制_____；N91控制_____；

N93控制_____；N92、N94是_____平顺阀，可以使换挡平顺；手动阀控制_____。

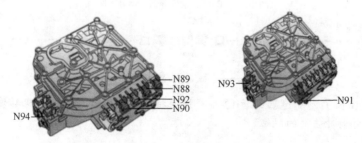

图 10-3　01M 自动变速器电磁阀认知

（2）开关阀和渐进阀的工作原理是什么？如何检测这两种电磁阀的好坏？

_____

_____

（3）查阅有关资料，写出图10-4中数字代表的零部件的名称。

1是_____；2是_____；

3是_____；4是_____；

5是_____；6是_____；

7是_____；8是_____；

9是_____；10是_____；

11是_____；12是_____；

13是_____；14是_____；

15是_____；16是_____。

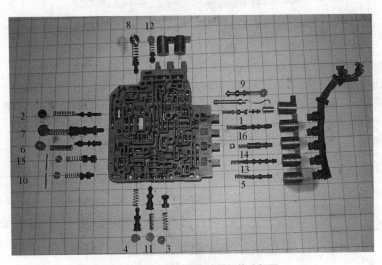

图10-4　01N自动变速器阀体分解图

······································· ◻ 案例分享 ◻ ·······································

●────── 【故障现象】 ──────●

　　一辆装有01N自动变速器的2012年产帕萨特出现升挡缓慢，发动机转速达4000r/min才能升挡，升挡时冲击大的现象。

●────── 【故障诊断】 ──────●

　　用VAG1552故障诊断仪进入自动变速器系统进行故障查询，未发现故障码。随后进行路试，读取自动变速器控制系统的数据流，发现自动变速器在每个挡位都能正常工作，只是换挡点太迟，换挡冲击大。当检查自动变速器油（ATF）温度时，故障诊断仪显示该温度在153～165℃间波动，明显高于正常值。

【故障排除】

将该车用举升机升起，检查自动变速器油底壳，感觉其温度并没有像故障诊断仪显示得那么高。将发动机熄火静置 2h 后，再次用 VAG1552 故障诊断仪检测 ATF 温度，发现是 160℃，而此时 ATF 的实际温度只有 40℃左右。怀疑 ATF 温度传感器出现故障。将自动变速器油底壳拆下，拆下自动变速器扁平线束，用数字万用表测量 ATF 温度传感器的电阻，检查其阻值是否随温度变化而正常变化。经检测，ATF 温度传感器正常（20℃时，其电阻值约为 0.25MΩ；60℃时，其电阻值约为 49kΩ；120℃时，其电阻值约为 7.5kΩ）。当用数字万用表直接从扁平线束的连接器相应端子处检测 ATF 温度传感器电阻时，发现该数值始终不随温度变化而变化，而是固定在 2kΩ 不变。据此判断扁平线束损坏。更换自动变速器扁平线束后，故障彻底排除。

【故障原因】

该车选用的自动变速器型号为 01N，当 ATF 温度高于 148℃时，自动变速器会自动切换至下一个低挡位，以加大 ATF 的流动，降低油温，避免自动变速器因过热而损坏。而 ATF 温度过高时，自动变速器 ECU 并不记忆故障码，只有通过读取数据流才能发现。那么需要确定到底是 ATF 温度真的高，还是传感器或线路有问题。该案例经过故障诊断后，最终确定是线路问题。

【案例总结】

自动变速器 ECU 根据其电阻的变化测出 ATF 的温度，用以作为 ECU 进行换挡控制、油压控制和锁止离合器控制的依据。ATF 温度高于 150℃时变矩器立即进入锁止工况，30s 后如果 ATF 温度仍不下降，变矩器解除锁止工况，变速器退出超速挡。ATF 温度传感器自身或线束短路，数据流会显示 ATF 温度高于 150℃，所以 ATF 温度传感器自身或线束短路后，变矩器不进入锁止工况，自动变速器没有超速挡，汽车不能高速行驶。

如果真的是 ATF 温度高那该怎么处理呢？

任务二　自动变速器阀体清洗

课时：＿＿＿＿＿＿＿

班级：	组别：	姓名：	掌握程度：□优　□良　□及格　□不及格

实训目的	掌握解体清洗阀体的方法。
安全注意事项	注意个人及车辆安全，规范操作，工具、零配件摆放整齐，做到三不落地（工具不落地，零件不落地，油水不落地）。
实训器材	整车（如大众朗逸）、自动变速器、棉纱手套、工具车、零件台、测量工具、世达工具、煤油、化油器清洗剂、毛刷、自动变速器油、阀体修理包等。
教学组织	每个工位按6位学员（组长1人、主修1人、辅修1人、观察员1人、评分1人、质检1人）作业，循环操作。
操作步骤演示	微课 自动变速器阀体清洗

任务	作业记录内容　☑正确　☒错误
前期准备	□1. 护具——棉纱手套、工具车、零件台等，如图10-5～图10-7所示。（注①） □2. 工具与耗材——整车、测量工具、世达工具（见图10-8）、煤油、化油器清洗剂、毛刷、自动变速器油、阀体修理包等。 □图10-5　棉纱手套　　□图10-6　工具车

注①：准备工作一定要注意四到位。1. 防护到位；2. 工具到位；3. 设备到位；4. 耗材到位。

前期准备	□图 10-7　零件台　　　　　　　□图 10-8　世达工具
安全检查	□检查车辆驻车制动器是否拉起及变速杆是否处于空挡。 □举升车辆前，检查实训台架及周围安全。 □举升车辆至10～20cm时，检查举升机支点位置。 □在车辆举升过程中，留意有无异常和异响。
防护工作	防护工作如图10-9所示。 □图 10-9　人身防护
操作流程	**步骤一　自动变速器阀体拆装** □ 1．放出自动变速器油（见图10-10），取下变速器油底壳（见图10-11）。 □图 10-10　放自动变速器油　　　□图 10-11　拆卸油底壳 □ 2．先拆卸电磁阀扁平线束，并按这个方向拔下插头，妥善放置好，如图10-12和图10-13所示。（注②） □图 10-12　拆卸阀体线束　　　　□图 10-13　阀体线束

注②：由于电磁阀接头为塑料制品，长期浸没在自动变速器油（ATF）中，高温下很脆，故拆卸时需小心操作。

.91.

□3．将阀体放置于干净的工作台上（见图10-14），拆掉上下阀体间的连接螺栓（见图10-15）。

□图 10-14　阀体放置于工作台　　□图 10-15　拆卸上下阀体间连接螺栓

□4．将上阀体和中间的隔板一同握紧拿稳，一起翻过来使中间隔板向上（此举可使单向钢球不跌落），取出中间隔板，如图10-16和图10-17所示。

□5．拆下隔板后，应利用油路隔板上的残油（见图10-18），用一张稍厚的白纸板拓印下油路隔板图，并将油路隔板中所有零件逐一在图上标明，以便装复时备查参考。

操作流程

□图 10-16　分开上下阀体　　□图 10-17　取出中间隔板　　□图 10-18　油路隔板

步骤二　阀体的清洗与检测

□1．将阀体放入干净的煤油中，用化油器清洗剂清洗，可用小毛刷清理沉积在油道中的油污，必要时用尼龙布擦拭，如图10-19所示。

□图 10-19　清洗阀体

□2．目测检查阀体上是否有裂纹或变形，用螺钉旋具拨动各柱塞，检查是否运转灵活，如图10-20所示。检查活塞表面有无裂纹，如图10-21所示。

□图 10-20　检查阀体板

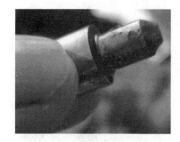

□图 10-21　检查活塞

□ 3．将自然干燥的阀体平放在桌上，往各油孔和油道内注入少许的自动变速器油，同时从隔板上取下各小零件，取一件清洗一件，擦干后装入阀体中，如图10-22所示。同时检查各零件是否完整、良好，如图10-23所示。（注③）

□图 10-22　安装阀体内部零件

□图 10-23　检查各零件

□ 4．检查阀体，如图10-24所示，检查柱塞和阀芯是否有卡滞和磨损，如图10-25和图10-26所示。若柱塞在阀孔中有卡滞不能自由落出，可用木锤或橡皮锤轻轻敲击阀体将其取出。（注④）

□图 10-24　检查阀体

□图 10-25　检查柱塞

□ 5．除手控阀外，其余所有柱塞的外端都有限位装置，只需向内轻推柱塞，限位销便可脱落，如图10-27所示。（注⑤）

（操作流程）

注③：所有部件的前、后、左、右相邻位置，任何一点小小的失误将会导致阀体无法正常工作。
注④：在拆卸过程中需用手指或旋具抵住柱塞，以防限位装置拆出的瞬间，柱塞在里面弹簧的作用下弹出。
注⑤：1．干净的柱塞仅依靠自身重量便可缓慢滑到另一侧位置。拆卸柱塞过程中，最好是检修完一组，重新装配后再拆另一组，以免彼此间装错位置。2．卡滞的柱塞可用1200#砂纸蘸上ATF沿圆弧方向打磨，也可用牙膏研磨，只能打磨柱塞，不能打磨阀孔。

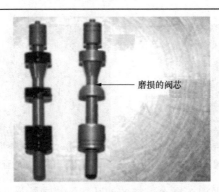

磨损的阀芯

□图 10-26　柱塞（阀芯）新旧对比

□图 10-27　安装柱塞

□ 6．使用测量工具检查弹簧的自由长度和直径，逐一对照维修手册上的资料，检查阀体内所有弹簧的自由长度和直径是否符合标准，如图10-28所示。若不符合标准，则应从阀体修理包（见图10-29）中取新弹簧换上。

□ 7．更换控制阀阀体上的密封圈，如图10-30所示。（注⑥）

操作流程

□图 10-28　弹簧对比

□图 10-29　阀体修理包

□图 10-30　更换密封圈

□ 8．将隔板洗净擦干，同时检查隔板，隔板不应有较大的变形，仔细观察各油孔处，应圆滑不漏光。

□ 9．将上、下阀体和中间隔板合在一起，如图10-31所示。均匀地交叉拧紧连接螺栓（注意螺栓有长短之分，不要装错位置），如图10-32所示。至此阀体装配完毕。（注⑦）

□图 10-31　安装上、下阀体

□图 10-32　紧固阀体螺栓

注⑥：工作油路密封主要取决于施力装置工作活塞上的密封圈、蓄压器上的活塞密封圈、控制阀上的密封圈、离合器支撑进油口两侧密封环的密封状况等几个方面。

注⑦：阀体新旧密封垫和隔板必须紧贴在一起，检查纸垫上所有的孔径和油量走向是否与阀体上一致（此项很重要）。

操作流程	□ 10. 一般情况下需要_____更换一次自动变速器油（简称_____），每行驶_____千米需要对自动变速器进行清洗维护。
仪器使用	□工具/量具选用是否正确　□工具/量具使用是否正确　□工具/量具摆放是否整齐
注意事项	1. 当摩擦片严重烧损、行星齿轮装置磨损、车辆行驶里程8万千米以上、ATF严重脏污时才会考虑对阀体进行解体清洗检修。 2. 用ATF浸泡要安装的密封垫几分钟后，将阀体平放，将部件逐一推入。
检查与评估	
6S管理规范 （教师点评）	□整理　□整顿　□清扫　□清洁　□素养　□安全
成绩评定 （学生总结）	小组对本人的评定：□优　□良　□及格　□不及格 学生本次任务成绩：□优　□良　□及格　□不及格

专业考核评分表——自动变速器阀体清洗

班级：		组别：	组长：		日期：	
技术标准：1. 自动变速器阀体的弹簧及隔板状态判断要求；2. 阀体油路拓印及标记要求						
序号	作业项目	考核内容	考核标准	分值	扣分	得分
1	准备环节	正确选用工具/量具	选错1次扣1分	4		
2		正确做好防护	少做1项扣1分	4		
3		正确做好安全检查	漏掉1项扣1分	4		
4	拆卸环节	放油，取下油底壳	未放油扣4分	4		
5		拆卸电磁阀扁平线束	不按方向拆卸扣2分	4		
6		拆卸上阀体及隔板	单向钢球脱落扣2分	5		
7		拓印油路并标记	未标记的不得分	4		
8	清洗与检查环节	清洗阀体	未用煤油浸泡扣2分	4		
9		检查阀体状态	方法不正确扣2分	10		
10		清洗隔板中的小零件	不按规范操作一次扣2分；丢失零件不得分	10		
11		检查柱塞是否卡滞	不按规范拔出扣2分	4		
12		检查所有弹簧状态	漏掉1项扣2分	10		
13		更换阀体密封圈	漏换扣4分	4		
14		检查隔板状态	漏掉1项扣2分	10		
15		连接阀体与隔板	不按规范安装扣2分	5		
16		检查装配状态	忘记检查不得分	4		
17	实训时间		≤30min　　　10分 30~35min　　5分 ≥35min　　　0分	10		
质检员：		评分员：		合计得分		

教师点评：

团队合作：优秀□ 良好□ 及格□ 不及格□　　　分工明确：优秀□ 良好□ 及格□ 不及格□

专业标准：优秀□ 良好□ 及格□ 不及格□　　　操作规范：优秀□ 良好□ 及格□ 不及格□

教师签字：　　　　　　　　　　　　　　　　　　　　　　年　　月　　日

注：实训未按规范操作，导致设备损坏或人身伤害，本次考核记0分。

实训项目十一 —— 双离合自动变速器（DSG）

任务一　双离合自动变速器认知

课时：＿＿＿＿＿＿＿

班级：	组别：	姓名：	掌握程度：□优　□良　□及格 □不及格

一、工作任务

1. 认识双离合自动变速器；能熟练掌握换挡原理及控制电磁阀的作用。
2. 培养学习、工作精细化的态度。

二、原理与应用

1. 结构及动力传递路线

写出图11-1所示的DSG各挡位动力传递路线。

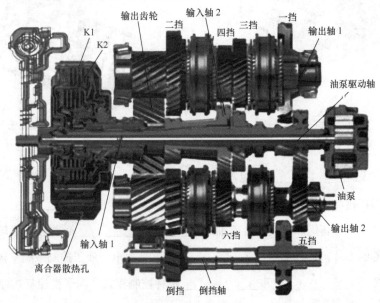

图 11-1　DSG 解剖图

一挡：＿＿＿＿＿＿＿＿＿＿＿＿＿＿＿＿＿＿＿＿＿＿＿＿＿＿＿＿＿＿＿＿＿＿＿＿＿＿。

二挡：＿＿＿＿＿＿＿＿＿＿＿＿＿＿＿＿＿＿＿＿＿＿＿＿＿＿＿＿＿＿＿＿＿＿＿＿＿＿。

三挡：＿＿＿＿＿＿＿＿＿＿＿＿＿＿＿＿＿＿＿＿＿＿＿＿＿＿＿＿＿＿＿＿＿＿＿＿＿＿。

四挡：＿＿＿＿＿＿＿＿＿＿＿＿＿＿＿＿＿＿＿＿＿＿＿＿＿＿＿＿＿＿＿＿＿＿＿＿＿＿。

五挡：＿＿＿＿＿＿＿＿＿＿＿＿＿＿＿＿＿＿＿＿＿＿＿＿＿＿＿＿＿＿＿＿＿＿＿＿＿＿。

六挡：＿＿＿＿＿＿＿＿＿＿＿＿＿＿＿＿＿＿＿＿＿＿＿＿＿＿＿＿＿＿＿＿＿＿＿＿＿＿。

倒挡：＿＿＿＿＿＿＿＿＿＿＿＿＿＿＿＿＿＿＿＿＿＿＿＿＿＿＿＿＿＿＿＿＿＿＿＿＿＿。

2．电子控制单元和换挡机械控制单元

根据图11-2和图11-3填写电子控制单元和换挡机械控制单元的元件名称。

N88为＿＿＿＿＿＿＿＿＿＿＿＿＿＿；N89为＿＿＿＿＿＿＿＿＿＿＿＿＿＿；

N90为＿＿＿＿＿＿＿＿＿＿＿＿＿＿；N91为＿＿＿＿＿＿＿＿＿＿＿＿＿＿；

N92为＿＿＿＿＿＿＿＿＿＿＿＿＿＿；N215为＿＿＿＿＿＿＿＿＿＿＿＿＿＿；

N216为＿＿＿＿＿＿＿＿＿＿＿＿＿＿；N217为＿＿＿＿＿＿＿＿＿＿＿＿＿＿；

N218为＿＿＿＿＿＿＿＿＿＿＿＿＿＿；N233为＿＿＿＿＿＿＿＿＿＿＿＿＿＿；

N371为＿＿＿＿＿＿＿＿＿＿＿＿＿＿；A为＿＿＿＿＿＿＿＿；B为＿＿＿＿＿＿＿。

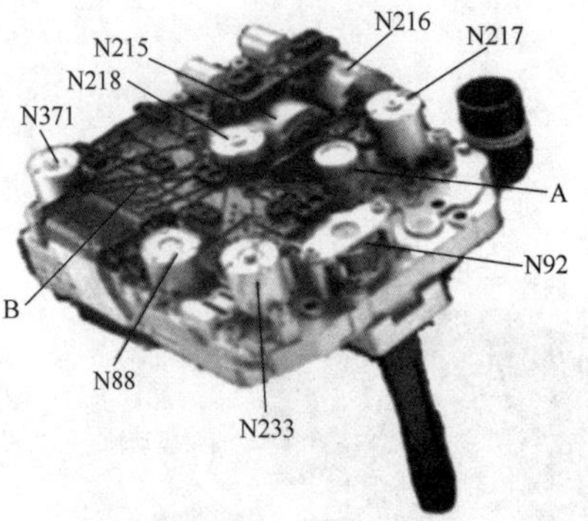

图 11-2　电子控制单元 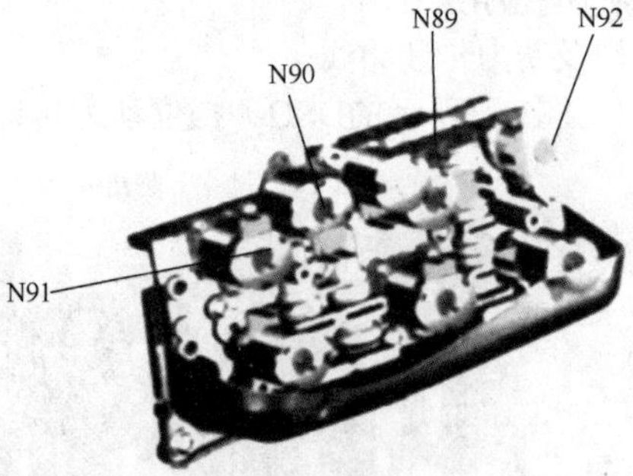　　　　　　　　图 11-3　换挡机械控制单元

3．DSG的特点

（1）DSG没有＿＿＿＿＿＿＿＿＿＿，也没有＿＿＿＿＿＿＿＿＿＿＿＿＿踏板。

（2）DSG在传动过程中的能耗损失较少，大大提高了车辆的燃油＿＿＿＿＿＿＿＿＿＿＿＿。

（3）DSG的动力传递靠的是一台三轴式＿＿＿＿＿＿＿＿＿＿＿＿＿前进挡的齿轮变速器。

（4）DSG的多片＿＿＿＿＿＿＿＿＿＿＿＿＿＿＿＿＿＿是由电子液压控制系统来操控的。

（5）DSG有＿＿＿＿＿＿＿＿＿和＿＿＿＿＿＿＿＿两种控制模式，除了变速杆控制外，转向盘上还配备手动控制的换挡按钮。

（6）选用手动模式时，如果不做＿＿＿＿＿＿＿＿＿＿＿＿＿操作，即使将加速踏板踩到底，DSG也不会升挡。

（7）在手动控制模式下，可以＿＿＿＿＿＿＿＿＿＿＿＿＿＿＿＿降挡。

◇◇◇◇◇◇◇◇◇◇◇◇◇◇◇◇ ▢ 案例分享 ▢ ◇◇◇◇◇◇◇◇◇◇◇◇◇◇◇◇

━━━━━━━━━━【 故障现象 】━━━━━━━━━━

一辆2015年产的一汽大众迈腾2.0TSI轿车，搭载02E型6挡直接换挡变速器，行驶里程3万千米。用户反映该车冷车行驶一切正常，但行驶2km后，车辆会突然之间失去动力，同时仪表板上挡位显示区变成红屏。

【故障诊断】

维修人员用故障诊断仪读取故障码，故障码提示：变速器油温度传感器 G509 检测到高温。

02E 型变速器设有 3 个温度传感器。其中一个是多片湿式双离合器工作温度传感器 G509，它的作用是通过检测离合器外缘处变速器油液的温度，来防止离合器过热。它与变速器输入转速传感器 G182 集成在一起。

G509 检测到的油温超过 160℃，变速器会进入应急模式，这时发动机会自动降低输出扭矩，同时变速器 ECU 令离合器分离，此时车辆便会失去动力。

另外两个温度传感器是 G93 和 G510，它们分别用于检测变速器油底壳中的油液温度和变速器 ECU 温度，如果两个传感器中的任何一个检测到温度超过 145℃，变速器也会进入应急模式。

路试中当故障出现时，读取变速器的数据流。从 19 组数据第 3 区可以看到，G509 给出的温度数据为 165℃，超过了限值，而其他两个传感器的温度仅为 50℃。

这一结果很不正常，一是路试距离较短，其间从未有过激烈驾驶动作；二是变速器也未出现过明显的打滑现象。为什么 G509 会给出这么高的温度呢？况且，G509 是直接测量变速器油液温度的，油液在变速器内部循环，按照热传导的规律，G509 与 G93 处的油液不应该有如此大的温差。由此推测 G509 输出信号出错的可能性较大。

【故障排除】

更换集成了 G509 和 G182 的传感器总成，故障排除。

【故障原因】

1. 先用故障诊断仪读取故障码，然后对照故障码去做检查。
2. 该车故障码提示：变速器油温度传感器 G509 检测到高温。
3. 变速器设有温度传感器，作用是通过检测离合器外缘处变速器油液的温度，来防止离合器出现过热。
4. 故该车主要为传感器、线路、散热、油液等方面问题。

【案例总结】

大众迈腾轿车变速器油温度传感器为 G509 和 G93，其中 G93 负责监控变速器油底壳油温，即变速器油温度；G509 负责监控离合器外缘处变速器油液的温度，根据温度变化调节离合器冷却油液的流量，并采取其他相应措施保护变速器。

如果双离合器中有一个离合器打滑，电子控制单元油温超过 138℃时，变速器 ECU 进入过载保护，减小发动机输出扭矩，计算离合器工作油温超过额定值的量，将发动机扭矩减小到怠速上限，使离合器过载几乎不出现，达到离合器冷却系统降温的目的。

随后发动机重新提供最大扭矩，离合器油温超过 145℃（离合器严重打滑），停止向离合器供油，两个离合器处于断开位置。离合器油流出口的温度传感器 G509 就会给变速器 ECU 发送高温信号，ECU 进入过载保护，D 位上只有一个失效保护挡，此时应更换双离合器。

思考题

变速器如果长期高温会出现什么问题？

任务二　六速双离合自动变速器拆装与检测

课时：_____

班级：		组别：		姓名：		掌握程度：□优　□良　□及格 □不及格
实训目的	1. 掌握DSG的结构、原理；2. 学会六速DSG拆装流程。					
安全注意 事项	注意个人及设备安全，规范操作，工具、零配件摆放整齐，做到三不落地（工具不落地，零件不落地，油水不落地）。					
实训器材	DSG、棉纱手套、工具车、零件台、世达工具、测量工具、卡簧钳等。					
教学组织	每个工位按6位学员（组长1人、主修1人、辅修1人、观察员1人、评分1人、质检1人）作业，循环操作。					
任务	作业记录内容　☑正确　☒错误					

前期准备

□ 1. 护具——棉纱手套、工具车、零件台等，如图11-4～图11-6所示。（注①）

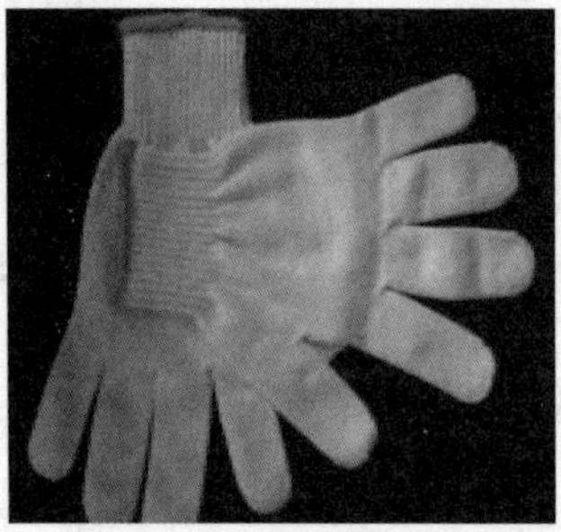

□图11-4　棉纱手套　　　　□图11-5　工具车　　　　□图11-6　零件台

□ 2. 工具——DSG、世达工具（见图11-7）、测量工具、卡簧钳（见图11-8）等。

□图11-7　世达工具　　　　　　　　□图11-8　卡簧钳

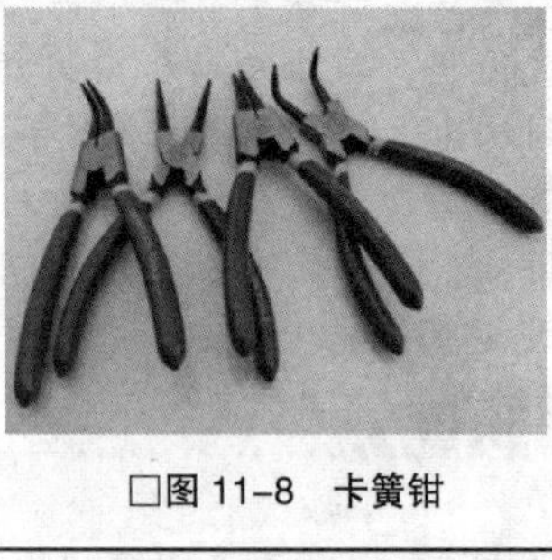

注①：准备工作一定要注意四到位。1. 防护到位；2. 工具到位；3. 设备到位；4. 耗材到位。

安全检查	□6S安全检查及实训台架周围安全检查。
防护工作	防护工作的操作步骤如图11-9所示。 □图11-9　人身防护
操作流程	**步骤一　DSG的分解（注②）** □1.　先拆开DSG的油底壳（见图11-10），可看到滑阀箱总成（见图11-11）。 　　　　 滑阀箱总成 □图11-10　拆开油底壳　　　□图11-11　滑阀箱总成 □2.　取出阀体，塑料材质向上，将其放在平整地面上，如图11-12和图11-13所示。 □图11-12　取出阀体　　　□图11-13　塑料材质向上放置阀体 □3.　拆卸DSG滤芯，如图11-14所示。  □图11-14　拆卸滤芯

注②：六速DSG采用双离合器，双离合器为一大一小两组同轴安装在一起的多片式离合器，分别连接一挡、三挡、五挡以及倒挡和二挡、四挡、六挡齿轮。

操作流程	□ 4. 拆解变速器，首先取下前油封盖，如图11-15和图11-16所示。 □ 5. 取出离合器上的卡簧（见图11-17），取出离合器（见图11-18）。  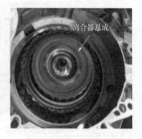  □图 11-15 取下前油封盖　　□图 11-16 前油封盖　　□图 11-17 拆卸卡簧 □ 6. 拆卸油泵螺栓，取出油泵，如图11-19所示。   □图 11-18 取出离合器　　　　　□图 11-19 拆卸油泵螺栓 □ 7. 打开变速器壳，观察DSG内部，如图11-20所示。   □图 11-20 DSG 内部 □ 8. 拆卸输入轴和输出轴（见图11-21），分解传动装置（见图11-22）。   □图 11-21 拆卸输入轴和输出轴　　□图 11-22 分解传动装置

□ 9．取出离合器（见图11-23），分解离合器总成（见图11-24）。

□ 10．拆卸过程应符合6S标准。将拆下的DSG内部零件有序摆放在零件台上，如图11-25所示。

□图 11-23　取出离合器　　　□图 11-24　分解离合器总成　　　□图 11-25　DSG 内部零件

步骤二　DSG 零件检测及组装

□ 1．对离合器（湿式）总成进行检测（注③）。检查摩擦片是否烧坏，如图11-26所示，检测齿轮磨损情况，检测卡簧外观和尺寸。

 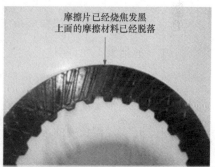

摩擦片已经烧焦发黑
上面的摩擦材料已经脱落

□图 11-26　烧坏的摩擦片

□ 2．装配所有部件，按先拆的部件后装、后拆的部件先装这一原则对变速器进行装复，如图11-27所示。

□图 11-27　装配所有部件

操作流程（左栏标签）

仪器使用　　□工具/量具选用是否正确　　□工具/量具使用是否正确　　□工具/量具摆放是否整齐

注③：湿式双离合器是指双离合器安装于一个充满液压油的封闭油腔里。这种湿式结构具有更好的调节能力和优异的热容性，因此能够传递比较大的扭矩。

注意事项	1．安装时＿＿＿＿＿＿＿的温度应与变速器的温度相同，从而确保安装时＿＿＿＿＿＿＿＿＿＿＿＿＿＿＿＿＿不被卡住。 2．将电子控制单元小心地置于固定销上（如图11-28所示的箭头）。 □图 11-28　安装电子控制单元 注意：传感器臂应位于其安装位置，应向上托住＿＿＿＿＿＿＿＿＿＿＿＿，传感器臂不允许与＿＿＿＿＿＿＿＿＿相碰撞。 3．自动变速器油一般是行驶里程为＿＿＿＿＿＿万千米，或使用时间在＿＿＿＿＿＿年以后更换一次，汽车经常在高速路行驶可适当延长2万千米。如果用车强度大，车子有轻微顿挫的可以提前＿＿＿＿＿＿＿＿＿＿。 4．更换自动变速器油主要是带出自动变速器里面的脏污，也可以根据油质确定是否更换。因为在高温下油的黏度会改变，令它原来的润滑、冷却的功能降低，所以换油是必不可少的。
检查与评估	
6S管理规范 （教师点评）	□整理　□整顿　□清扫　□清洁　□素养　□安全
成绩评定 （学生总结）	小组对本人的评定：□优 □良 □及格 □不及格 学生本次任务成绩：□优 □良 □及格 □不及格

专业考核评分表——六速双离合自动变速器拆装与检测

班级：		组别：		组长：		日期：	

技术标准： 1. 六速DSG拆装流程及要求；2. 各部件磨损状态检查及要求

序号	作业项目	考核内容	考核标准	分值	扣分	得分
1	准备环节	正确选用工具/量具	选错1次扣1分	4		
2		正确做好防护	少做1项扣1分	4		
3		正确做好安全检查	漏掉1项扣1分	4		
4	拆卸环节	拆卸DSG油底壳	不按规定存放扣2分	4		
5		拆卸阀体	漏掉1处扣1分	6		
6		拆卸DSG滤芯	损坏不得分	4		
7		拆卸前油封盖	不按规定存放扣2分	4		
8		拆卸离合器	出现卡滞扣2分	4		
9		拆卸油泵	大量漏油扣2分	4		
10		打开变速器壳	不按规定摆放扣2分	4		
11		分解传动装置	不按规范顺序扣2分	5		
12		分解离合器总成	不按规范顺序扣2分	5		
13	检查及组装环节	检测摩擦片状态	测量错误不得分	6		
14		检测齿轮磨损状态	漏掉1处扣2分	6		
15		检查卡簧状态	方法错误不得分	6		
16		检测离合器总成状态	漏掉1处扣2分	6		
17		按拆卸倒序安装	不按标记扣5分	10		
18		检查装配质量	忘记不得分	4		
19	实训时间		≤30min　　　　10分 30～35min　　5分 ≥35min　　　　0分	10		

质检员：		评分员：		合计得分	

教师点评：

团队合作： 优秀□ 良好□ 及格□ 不及格□　　　　**分工明确：** 优秀□ 良好□ 及格□ 不及格□

专业标准： 优秀□ 良好□ 及格□ 不及格□　　　　**操作规范：** 优秀□ 良好□ 及格□ 不及格□

教师签字：　　　　　　　　　　　　　　　　　　　　　年　　　月　　　日

注：实训未按规范操作，导致设备损坏或人身伤害，本次考核记0分。

附录 A 　实训项目 6S 管理考核评分表

班级：			组别：	组长：		日期：	
序号	分类	项目	操作内容	确认	分值	得分	
1	准备环节	实训项目确认	实训项目与场所是否相符	☐	10		
2		实训资料准备	学生证/实训手册	☐			
3		个人防护用品	手套/工作服/眼镜等	☐			
4		车身防护用品	整车防护七件套	☐			
5		实训设备		☐	5		
6		实训工具	依据实训手册要求	☐			
7		实训耗材		☐			
8	实操环节	常用工具/量具使用	符合规范和要求	☐	15		
9		专用工具/量具使用	符合实操内容要求	☐			
10		操作顺序	按照实训手册要求	☐			
11		操作记录	按照规范要求	☐	15		
12		操作部件放置	按照6S规范	☐			
13		操作规范	按照标准流程	☐			
14		操作正确	正确使用工具/量具	☐	15		
15		操作准确	拆装符合标准（力矩）	☐			
16	质检环节	工具使用规范	符合实训标准	☐	15		
17		操作失误	违反操作流程	☐			
18		一般实训事故	漏油、漏水/工具落地/安全凳未放在规定支撑点等	☐			
19		较大事故	设备损坏/车辆损坏/零部件损坏	☐			
20	6S管理	设备归位	车落地/设备到位	☐	15		
21		工具归位	工具入箱/工具车到位	☐			
22		耗材归位	可用材料归位/废品按规范处理	☐			
23		地面清扫	清扫/整洁/整齐	☐			
24		记录填写	实训日志规范填写	☐			

序号	分类	项目	操作内容	确认	分值	得分
25	实训小结	质检报告实训全过程	准备阶段/实操（工、量具使用/流程符合标准）/实训规范	☐	10	
26		评分	打分并予以说明	☐		
27		组长小结点评	小结实训/点评到人	☐		

质检员：	评分员：		合计得分	

教师点评：

   团队合作： 优秀☐ 良好☐ 及格☐ 不及格☐　　　　**分工明确：** 优秀☐ 良好☐ 及格☐ 不及格☐

   操作规范： 优秀☐ 良好☐ 及格☐ 不及格☐　　　　**6S管理：** 优秀☐ 良好☐ 及格☐ 不及格☐

教师签字：	年　　　月　　　日

注：实训未按规范操作，导致设备损坏或人身伤害，本次考核记0分。

    如有需要可自行复印此表。进行实训项目时由质检员和评分员填写此表，实训项目完成后，由教师将点评意见和学生实训成绩填写在表上。教务部门可将此作为实训效果评测内容之一。

汽车底盘电控系统实训工单（AR版）

附录 B ＿＿＿＿ 学校汽车底盘电控系统实训报告

班级		报告人		报告日期	
实训项目				实训时间	

实训目标：

实训准备：（按照工单要求检查核对）

设备：

工具：

耗材：

其他：

实训流程：

实训结果（或测试数据）：

实训体会：

实训人（签名）：

教师点评：

教师签名：

日　　期：

实训成绩		优秀〇	良好〇	及格〇	不及格〇

注：如有需要可自行复印此表。每个实训项目完成后，该实训小组须填写此表。教务部门可将此作为实训效果评测内容之一。